Edmund Höfer

In der Irre

Roman in vier Büchern

Edmund Höfer

In der Irre
Roman in vier Büchern

ISBN/EAN: 9783741167553

Hergestellt in Europa, USA, Kanada, Australien, Japan

Cover: Foto ©Andreas Hilbeck / pixelio.de

Manufactured and distributed by brebook publishing software (www.brebook.com)

Edmund Höfer

In der Irre

In der Irre.

Dritter Band.

Neue belletristische Werke
sehr beliebter deutscher Schriftsteller

aus dem Verlage von **Otto Janke in Berlin**,
welche durch jede Buchhandlung zu beziehen und in jeder guten
Leihbibliothek vorräthig zu haben sind:

See, Gustav vom, Geheimnisse des Glückes. Roman. 4 Bde. Geh. 6 Thlr.

Smidt, Heinrich, Ein Berliner Matrose. See-Roman. 3 Bde. Geh.
2 Thlr. 15 Sgr.

Spielhagen, Friedrich, Gesammelte Werke in 12 Bänden. Band 1—6.
Preis für 12 Bände. 4 Thlr.

Spielhagen, Friedrich, In Reih' und Glied. Roman. 5 Bde.
Geh. 6 Thlr. 22½ Sgr.

Stoffens, Feodor, Die Schulgefährtin. Bilder aus der „bösen Welt." 2 Bde.
Geh. 2 Thlr.

Wachenhusen, Hans, Der Mann in Eisen. Roman. Geh. 1 Thlr. 15 Sgr.

Wachenhusen, Hans, Die Verlobten. Roman. 3 Bde. Geh. 3 Thlr. 7½ Sgr.

Wachenhusen, Hans, Rouge et Noir. Roman. 2. Aufl. 2 Theile in 1 Bde
In eleg. Buntdruck-Umschlag. Geh. 1 Thlr

Wachenhusen, Hans, Unter dem weißen Adler. Roman aus Polen's jüngster Vergangenheit. 3 Bde. Geh. 4 Thlr. 15 Sgr.

Wachenhusen, Hans, Werke. 12 Bde. Mit dem Portrait des Verfassers in Stahlstich. Geh. 4 Thlr.

Wichert, Ernst, Aus anständiger Familie. Geschichte eines verlorenen Menschenlebens. 3 Bde. Geh. 4 Thlr.

Wilhelm, Im Hof und Wald. Geh. 1 Thlr.

Wolfram, Leo, (Verf. der „Dissolving views".) Unternes Jenseits Roman. 3 Bde. Geh. 4 Thlr. 15 Sgr.

In der Irre.

Roman in vier Büchern

von

Edmund Hoefer.

Dritter Band.

Das Recht der Uebersetzung ist vorbehalten.

Berlin, 1867.
Druck und Verlag von Otto Janke.

Drittes Buch.

Leben und leben lassen.

Einundzwanzigstes Capitel.
Die Leser finden nach kurzer Trennung alle alten Bekannten wieder.

Dem Frühling wird' es in diesem Jahre schwerer gemacht als seit langer Zeit, über den Winter Herr zu werden. Immer und immer wieder wandte sich der mürrische Alte noch einmal um und fuhr mit verdrießlichem Blick und rauher Hand in die heitere Geschäftigkeit des freundlichen Nachfolgers. Die armen Spalierbäume kamen gar nicht aus den Strohdecken heraus, die Schneeglöckchen und Leberblumen schliefen unter stets von neuem herabgeschütteten Schneeflocken beinah wieder ein, und die Veilchensträuße, welche die wohlbekannte Alte Mittags an der Marienstraßenecke auszubieten begann, waren nicht auf den sonnigen Wallabhängen gepflückt worden, sondern vom Gärtner geliefert.

Aber es nimmt alles ein Ende, und zuletzt gewann es der Frühling doch. Die Schneewolken waren fort, die scharfen Winde hatten ausgeweht; draußen sangen die Lerchen über den grünenden Feldern nicht mehr versuchsweise, sondern im wirklichen Jubel, und die Bäume schlugen überall ihre Blüthenaugen auf, dem blauen Himmel entgegen und der goldenen Sonne. Es wurde wunderschön um die kleine Residenz her, ja selbst in ihr, wo es noch viele Gärten gab und sogar an den Straßen hie und da Bäume standen, und wo irgend ein Weg war, auf dem man spazieren konnte, fand man ihn selbst an Werkeltagen voll von tief ausathmenden frohen Menschen.

Von der Wache her klang der Herausruf des Postens weithin über den Platz; die Mannschaften stürzten an die Gewehre, die Reihe stand musterhaft und präsentirte fehlerlos, der Tambour schlug den Wirbel ausgezeichnet energisch — aus dem Schloßhofe heraus fuhr im scharfen Trabe ein leichter, niedergeschlagener Wagen vorüber mit vier milchweißen, prachtvollen Pferden, zwei Reitknechten auf gleichen, schönen Thieren und in amarantfarbenen Livreen nach, zwei Diener auf dem Hintersitz ebenso glänzend, und neben dem rechten Schlage auf einem nicht minder edlen Pferd ein Page in seinem phantastischen, zierlichen Costume, in welchem er jetzt nicht mehr zu frieren brauchte. Die Toiletten der beiden Damen im Fond erhöhten diesen umgebenden Glanz, möchte man sagen, grade durch ihre Einfachheit — die eine völlig sommerlich, hell, frisch und duftig, die andere tiefe, schwarze Trauer. — Der Wagen bog um die Ecke in den Park hinein, er fuhr langsamer durch das frühlingsfrische Grün.

Die zahlreichen Spaziergänger hielten an, sie machten Front und grüßten ehrerbietig, mit flüchtigem, aber freundlichen Nicken belohnt, und schauten der glänzenden Erscheinung neugierig nach. Man sah von dem neuen Hofe und besonders von den höchsten Herrschaften selber im Grunde nur sehr wenig in der Stadt — den Herzog allenfalls, wenn er die Truppen inspicirte oder vor sich exerciren ließ, oder wenn er, wie das zuweilen noch in der anfänglichen Einfachheit geschah, spazieren ritt und fuhr — und während der letzten, halb unfreundlichen, halb stillen Wochen seit dem Ende der „Saison", hatten die getreuen Unterthanen zum mindesten nicht durch ihre Augen erfahren, ob das Schloß noch seine vornehmeren und vornehmsten Insassen überhaupt beherberge. So offen wie eben hatte die Herzogin sich noch niemals dem Volke gezeigt.

„So, so, das ist also die Hoheit!" sagte Meister Sparmann, der „Stockholmer", der gleichfalls stehen geblieben war und hübsch gegrüßt hatte. „Na, es freut mich, daß ich sie doch auch einmal ordentlich zu sehen kriege. Sapperment aber, sieht die noch frisch und jung und gesund aus — und so gar nicht hochmüthig! Eine schöne Dame — eine feine Dame — das laß' ich mir gefallen! Wenn alle Prinzessinnen so wären —"

„Mann, Mann, willst du dir wieder den Mund verbrennen?" unterbrach ihn die Frau Meisterin mit besorgtem Blick auf die eleganten Spaziergänger, welche hart an ihnen vorüberzogen — man kannte in der Residenz längst nicht mehr jeden Begegnenden. „Was redest du alles und noch dazu von ihr selber!"

„Was wahr ist," versetzte er hartnäckig; „die Prinzessen sind nicht alle so, so schön, so gar nicht hochmüthig. Die lassen da nicht solche schwarze Nachteule neben sich —"

„Mein Jesus, Mann! Es ist ja die arme kleine Stillberg! Wenn die jetzt auch Hoffräulein oder so was ist, sollte sie darum nicht über den braven Vater trauern? Das ist grade hübsch von dem Kinde, und sie ist auch nur zu Hofe gegangen, nachdem man ihr versprochen, sie von den großen Lustbarkeiten fort und in ihrer Trauer zu lassen. Das ist hübsch, mein' ich, auch von der Hoheit."

„So? Also das war die vom Rittmeister — hm!" sagte der Meister nachdenklich. „Na ja, er verstand's den Leuten nach dem Munde zu reden, auch recht civil. Aber drinnen hatte er's auch stecken, und in Stockholm — na ja, kneif' mich nur nicht, ich bin schon still! Ja, ich seh's, das ist also Excellenz Derffen und Excellenz Hofmarschall — ganz excellent, he? — Die gucken excellent darein!"

„So halt' doch einmal dein verwünschtes — nimm den Hut ab! Da kommen schon wieder welche — immer mehr! Da sind auch die Hellenbergs —"

„Ich kenn' sie!" murmelte der Stockholmer mit verdüstertem Blick. „Die grüße ich nicht — was, so Einer!" —

„Und da — mein Jesus, da ist Serenissimus selber — wie böse er aussieht! — Und der da neben ihm, das ist ja der Eugen Stillberg — der ist nun schon Major mit sechsundzwanzig, und der Alte war Rittmeister mit zweiundsiebzig!"

„Wenn man's nur versteht," meinte Meister Sparmann grollend. „Aber du hast recht — der Herr sah grimmig aus — der ärgert sich, daß er die Kirche versäumt, und daß wir auch alle draußen geblieben! Aber was hilft's ihm — er muß eben wieder einmal!"

Der Park war trotz der Nachmittagskirchenstunde allerdings sehr belebt, denn man hatte in der Stadt davon erfahren, daß die Herzogin dem Hofe und dem diesem nahestehenden Kreise auf Desirade ein Frühlingsfest geben wolle — ein ländliches Mahl im Grünen, Abends reiche und farbige Beleuchtung der Umgebung des kleinen Schlosses, welche zu dieser Jahreszeit und obendrein neuerdings etwas gelichtet, freilich reizend genug war, — endlich ein zwangloser Tanz und Zurückfahrt im Glanz des Vollmonds und unter dem Gesange der Nachtigallen — ganz einfach, ganz heiter, ganz poetisch, ja romantisch!

Die hohe Frau sollte selbst auf diesen Einfall gekommen sein und alle Einzelheiten bestimmt haben, und der Anfang des Festes — diese Auffahrt — machte auf das Publikum im Allgemeinen einen bei weitem besseren Eindruck, als Meister Sparmann ihn eben vor uns offenbarte, und ließ manches Herz voll

Sehnsucht oder gar ein wenig Neid schlagen. Es sah wirklich glänzend, reizend, frühlingsfestlich aus — wenn man auch nur dem weiteren Verlaufe hätte zusehen, oder gar an ihm Theil nehmen können! Es waren reizende Damen und noch reizendere Toiletten in den prachtvollen Equipagen, aber die Herzogin selber war doch fast die Schönste — man hatte das bisher, wie schon gesagt, gar nicht so gewußt, weil man sie selten so nahe und noch nie so bequem gesehen hatte, als heut und zumal tiefer in den Park hinein, wo der Wagen in den schattigen Wegen langsamer fuhr. Wie war sie so frisch — so duftig — das Auge so milde und freundlich, der Gruß so gnädig! —

Darüber dachten indessen natürlicherweise nicht alle gleich. „Das finde ich wirklich nicht," meinte die hübsche Flora Werner, die mit einer Freundin und im Geleit ihres Vaters, des alten Obersten, eine Stelle tiefer im Park aufgesucht hatte, wo sie unbelästigt von vielen anderen Zuschauern der vorbeifahrenden Fürstin ihre vollendetste Verneigung machen konnte. „Heiter sahen Königliche Hoheit nicht aus — im Gegentheil, ich weiß selber nicht recht — war in ihren Zügen mehr Träumerei oder mehr Erregtheit —"

„Was Erregtheit! Sie sah ja blaß aus," bemerkte der Oberst, rief dadurch jedoch nur ein Achselzucken seiner Tochter und ein schnippisches: „ach Papa, was weißt du davon!" hervor.

„Wenn ich's nur begriffe," fuhr die Letztere darauf fort, „daß sie noch immer diese da neben sich haben mag und obendrein in dieser gesuchten Trauer! Hast du's gesehen, Laurette, wie hochmüthig die Gans grüßte, — als ob ihr unsere Verneigung gegolten!"

Die Freundin lächelte. „Vielleicht — aber um Gotteswillen ganz entre nous, Herr Oberst! — vielleicht placirt Königliche Hoheit diese Trauergestalt nur darum zuweilen neben sich, um höchstselbst sich desto lichter davon abzuheben! Du weißt wohl, Flora, wie man neuerdings zu bemerken meinte, daß sie immer mehr Werth auf das Aeußere und ihre Erscheinung zu legen beginnt. Die Schwarze —"

„Wäre sie nur sonst ein wenig anders! Nur ein einziger Zug, eine einzige Eigenschaft, die sich für solche Stellung nicht entbehren lassen sollten! Aber freilich, solche Häuslichkeit und dieser Umgang —"

„Nun, ihrem Bruder merkt man davon wenig an," meinte Laura. „Ein ächter Cavalier, nur fast gar zu ernst!"

„Sage hochmüthig und langweilig. Sonst freilich — man kann in der Schule von Madame Gauche schon etwas lernen!" versetzte Flora achselzuckend.

„Vielleicht auch in der Schule. seiner Hoheit," lachte die Freundin leise. „Hörtest du davon, daß Serenissimus der stillen Schwarzen gelegentlich viel Aufmerksamkeit erweist — in seiner Weise — hm, Flora?"

„Viel Vergnügen!" lachte auch diese spöttisch auf. „Du, es wäre doch zum Todtlachen, wenn —"

„St! Dein Vater kommt heran. Um Gotteswillen kein Wort davon! Frau von Ohain hat gleichfalls, erst ganz neulich, eine Bemerkung über ihre Zunge zu lesen bekommen, die nichts weniger als undeutlich war."

Die Auffahrt war vorüber, der Park entleerte sich; die meisten Spaziergänger nnd Neugierigen sehnten sich nach der Augenweide allgemach auch nach reelleren Genüssen und wandten sich dem häuslichen Kaffeetisch oder einer von den Gartenwirthschaften zu, die jetzt schon hier oder dort eröffnet waren, und es blieben nur wenige zurück oder langten vielmehr nun erst an, wo der Park eigentlich am allerschönsten war. Die Hitze des Tages fing an nachzulassen und der

Staub der Wege hatte sich zur Ruhe begeben. Die Sonnenstrahlen fielen schon ein wenig schräg durch das wundervoll leuchtende junge Grün der alten stolzen Bäume, vorüber an den reichen Gebüschgruppen und über den Sammet der Rasenplätze hin; die Vögel riefen und sangen aus allen Zweigen nieder und zuweilen mischten sich in den fröhlichen Lärm ein paar tiefe Gutturallaute der edlen Frau Nachtigall, die dort am versteckten Bach ihr Hauptquartier aufgeschlagen hatte.

Eine mächtige und prächtige Equipage rollte auf einem der Seitenwege hin, wo allerdings die Ueppigkeit und Schönheit des alten Paris viel reiner und frischer zu Tage trat als auf den lebhafteren Pfaden und Alleen. Zwei alte Herren in blauen Livreen und in „Schuh' und Strümpfen" spazierten raschen Schrittes voraus; sechs mächtige schwarze Pferde zogen die Karosse, die hinten und vorn an den schaukelnden Lederriemen hing, in mäßiger Eile nach, Geschirre mit Silberbeschlägen und die Livreen der zahlreichen Dienerschaft reich mit Silber gestickt; ein gewaltiges Wappen auf dem Schlag, die große Spiegelscheibe der rechten Seite niedergelassen und daran zuweilen ein altes vornehmes und doch auch wieder

gutes Gesicht, das diesen oder den Begegnenden
scharf durch eine goldgefaßte Brille anschaute, — die
Herzogin-Mutter machte eine ihrer feierlichen Spazier-
fahrten, und wenn jemand auf dergleichen geachtet
hätte, möchte ihm in der Weise, wie die Begegnenden
die Greisin begrüßten und wie sie diese Grüße erwiderte, ein ziemlich bemerkenswerther Unterschied gegen
das aufgefallen sein, was man vorhin in der großen
Allee bei der Auffahrt der regierenden Herrschaften
hatte bemerken können. Viele freilich gingen auf diesen Wegen nicht vorüber.

„Fräulein, zieht die Schnur! — Harter, halt'
Er 'nmal still!" rief die Herzogin rasch hintereinander,
bei den letzten Worten, die sich an den greisen Kut-
scher auf dem thurmhohen Bock richteten, den Kopf
zum Fenster hinausneigend. „Sieh da, Commerzienrath — da ist Er ja auch einmal wieder. Grüß Ihn
Gott! Wie geht's? Na, immer noch mobil und wohl-
auf, Morder, wie ich sehe. Ja ja, unser alter Schlag
versteht das besser als der junge, Morder, — Er
wird beinah so alt sein, wie ich?"

„Ei nun, Hoheit," meinte der Alte, der an den
Schlag der Karosse getreten war, lächelnd, „ein paar
Jährchen möcht's denn am Ende noch mehr geben;

aber ich rechne damit nicht — sie drücken mich Gottlob noch nicht, Hoheit."

„Ja ja, wir Alten, ich sag's! — Aber, was ich sagen wollte — sonst, wenn wir uns begegneten, ist Er immer zu Zweien gewesen, und heut geht Er da allein? Wie ist das?"

Der Commerzienrath schüttelte ein wenig den Kopf. „Wie sollt's sein, Hoheit?" meinte er. „Wir selber halten, aber um uns her hält's nicht. Der Rittmeister ist todt, und meine Frau ist krank. Da ist nichts zu machen, Hoheit, bin eben allein gegangen."

„Was? Seine alte Elisabeth krank? Doch wohl nichts Ernstes, Morder?"

„Ei nein, Hoheit, mein Bruder meint es wenigstens nicht; so ein Nachlassen heißt er's, nicht einmal ordentliche Krankheit, aber das ist für Unsereinen schier das Gleiche — funkelnagelneu, Hoheit, denn ich kenn's an ihr nicht und an mir nicht, und wir sollten doch nach grade keine neue Faser mehr aneinander finden."

Die Brille hatte die Herzogin abgenommen, als sie den alten Bekannten an den Schlag gerufen, und ihre großen blauen Augen ruhten nun mit sichtbarer

Theilnahme auf seinem ernsten Gesicht. „Na, Courage, Morder," sagte sie dann, „es hat uns ja nie daran gefehlt. Unser Herrgott wird alles zum Besten wenden. Grüß' Er mir die alte Frau. — Aber Er nannte da auch Seinen Bruder — nun sag' Er 'nmal, was ist das eigentlich mit dem Sanitätsrath? Brauchen thu ich ihn Gottlob nicht, aber sonst hat er doch einmal bei mir eingesehen und meiner alten Lohr die Haare zu Berge getrieben. Warum denn jetzt nicht mehr?"

Durch das faltige Gesicht Morders lief ein beinahe schalkhaftes Lächeln. „Na, Hoheit wissen denn doch wohl —" versetzte er achselzuckend.

„Was? Daß er in allerhöchste Ungnade gefallen? Mach' Er keine Dummheiten, Morder. Was geht mich das an? Seh' er, Er ist auch darin, höre ich, und ich rede da doch mit Ihm, wie mit einem alten Freund. Und, wenn wir die Wahrheit sagen wollen," fügte sie gleichfalls lächelnd hinzu, — „ich, glaub' ich, bin auch darin. Die Lehr ist nicht da, so darf ich's wohl sagen. Die würde mich freilich schön ausputzen! Was kann's helfen, Commerzienrath? 's muß eben ausgehalten werden, sind ja schon mit viel grausameren Historien fertig geworden," schloß sie.

„Na Gott befohlen, alter Freund. Grüß Er daheim hübſch und gute Beſſerung."

Der Commerzienrath trat ehrerbietig grüßend zurück, der Wagen ſetzte ſich langſam in Bewegung, aber nur, um nach wenigen Schritten von neuem anzuhalten. Und wieder erſchien der Kopf der Herzogin am Fenſter, ihr Auge mehr noch als ihre Hand winkte den alten Herrn heran, nnd als er ganz nahe am Schlag ſtand, ſagte ſie gedämpft: „noch Eines, Morber, hätt's bald vergeſſen, — oder eigentlich ſind's ſogar noch drei Punkte. Alſo von wegen der Ungnade zuerſt. Da hör' ich, daß manche darin ſind, die nun auch wieder ungnädig werden. Thu' Er mir den Gefallen, Commerzienrath, und halt' Er's nicht mit denen. Mach' Er den Leuten das Leben nicht ſchwer — ſie werden ohnehin nicht damit fertig."

„Hoheit, das verſteh' ich nicht recht," erwiderte er, da ſie inne hielt, mit ſichtbarer Ueberraſchung.

„Wird's ſchon verſtehen," ſprach ſie kurz. „Alſo, Nummer zwei — Er redete vom Rittmeiſter. Sind die Kinder nicht in Seinem Hauſe erzogen worden, als die Frau ſo früh ſtarb?"

„Ja, Hoheit, das ſind ſie."

„Nun, das find' ich gut. Und hernach haben

sie mit dem Alten auch zu Ihm und den Seinen gehalten? Sieht Er, Commerzienrath, das gefällt mir noch besser, es spricht für euch alle. Und jetzt drittens — na," brach sie lachend ab, „das ist nichts; ich darf mich hier vor den Leuten nicht blamiren und kann nur sagen, daß wir also genug zu bereden haben. Wenn's Ihm paßt, komm' Er morgen früh um neun Uhr, da bin ich frei, und —" die blauen Augen lachten ihn munter an, — „Nachrede brauchen wir ja wohl nicht mehr zu fürchten? Kann kommen, wie Er da ist — Excellenz Lohr ist nicht dabei. Gott befohlen, Commerzienrath."

„Ich werde pünktlich sein, Hoheit," entgegnete er und trat von neuem zurück. Der Wagen setzte sich wieder in Bewegung und verschwand, schwerfällig rollend hinter der nächsten Gebüschgruppe am Wege.

Als er ihn nicht mehr sah — sein Blick war freilich ein zerstreuter gewesen —, wandte auch er sich langsam ab und ging mit seinem festen Schritt, das Meerrohr taktmäßig hebend und senkend, gegen die Stadt zurück, von der er durch die Begegnung länger fern gehalten worden, als in seiner Absicht gelegen hatte — er hatte sich nur ein wenig „auslüften" wollen, und jetzt wurde es darüber Abend! Rascher ging er darum nicht, aber er hielt sich nicht mehr auf, nicht vor dem Frühlingszauber der Natur, nicht bei den Begegnenden, von denen dieser oder jener wohl ein kleines Gespräch angeknüpft hätte.

Der Greis sah ruhig und freundlich aus, und dennoch lag in seinem Gesicht jener Ausdruck, der uns vor einem Menschen wohl zu der heimlichen Frage zu veranlassen pflegt: an was mag der jetzt grade denken?

Und: „an was denkst du eigentlich so ernsthaft, Alter?" fragte ihn auch sein Bruder, der Sanitäts= rath, den er bei Frau Elisabeth getroffen hatte. „Ist dir die Gnade der alten Hoheit in den Kopf gestiegen — oder was sonst?"

„Ei Schwager, an die Gnade ist er gewöhnt, — ich habe mir vordem sogar Gedanken darüber ge= macht," meinte Frau Elisabeth scherzend. Die Ma= trone saß ein bischen bleicher als sonst und auch vielleicht ein wenig bequemer in der Sophaecke, wo sie in guten Tagen nur zu sitzen pflegte, wenn Besuch da war, — anders zeigte sich ihr erwähntes Unwohl= sein nicht. „Ich weiß," fuhr sie im früheren Tone fort, „es ist ihm hier zu einsam bei uns, er ärgert sich über die — Abwesenden."

Morder ging nach alter Gewohnheit auf und ab, bisher allerdings in Gedanken, allein auf die Worte seiner Gattin hatte er für sie doch einen innigen Blick, dem ein leises Lächeln folgte. „Ganz recht," sagte er dann, „das ist die Hauptsache. Es ist unser Sonntag, die Kinder — wir sehen sie selten genug — wollten kommen, und nun macht uns diese Festivität da einen Strich durch die Rechnung. Und dazu die drei Sätze der Alten — so kurios durch einander und doch vielleicht im Zusammenhang — hm? Habt ihr's verstanden? Ich nicht, und dergleichen hat mich niemals amusirt."

Der Sanitätsrath zuckte die Achseln. „Sie hat ein wenig Conversation gemacht und dabei geläftert, das liebte sie immer."

„Hm! Ist das geläftert, das Leben nicht schwer machen — nicht mit denen halten? — Mit wem? — Und wiederum, daß die Beiden bei uns erzogen sind und zu uns halten? — Und endlich — das Privatgespräch morgen früh — ? — Ihr habt nicht zugehört, scheint's."

„Sie wird Geld von dir haben wollen," sagte der Arzt launig.

„Contrair — sie giebt mir vielleicht Geld," entgegnete der Handelsherr auch wieder munterer. „Die ist besser 'rangirt als irgend einer, und wenn sie 'mal die Augen zuthut, wird mancher einen reellen Beweis ihres Gedenkens erhalten. Aber darum handelt es sich nicht — war die Herzog lange nicht hier, Alte?"

„Da kommt Einer, der kann dir mehr sagen, als die Kammerkatze — notabene, wenn er will," kam der Arzt der Antwort seiner Schwägerin zuvor, indem er auf den eben eintretenden Erhard wies. „Geheimer Oberpolitiker, Oberster aller Maulwürfe — dein Großvater wünscht zu wissen, wie es über, wie unter der Erde steht, wie in der Hütte, wie im Palast — heraus mit der Sprache!"

„Man amüsirt sich," lautete die lustige Erwiderung. „Gelt, Onkel, ein meisterhaftes Resumé?"

„Sachte, Schatz, wir sind nüchterne Leute," bemerkte der Sanitätsrath launig. „Kurz genug ist's freilich und, wenn wahr, auch vortrefflich. Allein — ist's auch wahr?"

„Ei, Onkel, liegt der Beweis nicht auf der Hand?

Spricht das Fest heut dagegen? Alles was man hört und sieht — deutet's nicht an, daß der strenge Winter zu Ende und der milde, heitere Frühling beginnt?"

„Poetisch, bei Gott, Herr Maulwurf! Und diejenigen Gnadenlosen, die den Gnädigen das Leben sauer machen, wie die alte Hoheit deinem Großvater gesagt hat?"

„Die?" Erhard's Auge lachte ihn verwundert an. „Wer möchte das sein, als du selbst, Onkel, oder der Großpapa? Alle Welt ist ja sonst in steigenden Gnaden, selbst Graf Valer soll, wie ich höre, herkommen dürfen. Schlimm genug, daß nicht alle das zu würdigen verstehen —"

„Sieh da! Also Ausnahmen!"

„Betrübende — ja, Onkel, weil sichtbar kranke. Denn um es kurz zu sagen, Eugen scheint sich ernstlich unwohl zu fühlen. Er sagt's und ich glaub's, schon um seiner grämlichen Lebensanschauung willen."

„Der Aermste!" rief Frau Elisabeth theilnahmsvoll aus, denn so fern ihr die Geschwister auch neuerdings durch ihre veränderte Stellung gerückt waren, ihrem Herzen waren sie unverändert nahe geblieben. „Schwager, du solltest einmal nach ihm sehen, — der liebe, arme Knabe!"

Der Sanitätsrath zuckte die Achseln. „Hat die besten Aerzte im eigenen Leibe — Constitution und Jugend. Ober kommt er auch auf neumodische Sprünge? Hm? Sah ihn lange nicht, — hörte nur: ist ja wohl ein Herz und eine Seele mit dem Reigenbach?"

„Das ist's eben," lachte Erhard. „Er ist außer sich über die Aufmerksamkeiten, die der Präsident gegen ihn so gut wie gegen die Kleine hat, und sollte darüber doch entzückt sein. Denn mein charmanter Freund ist, zumal wenn ihn nicht persönliche Einflüsse irritiren, der beste Barometer der Fürstengunst und steht für unsere Freunde auf „felsenfest". Sie dürfen ihrer Carriere vertrauen. Aber, wie ich sage, Eugen ist unbarmherzig gegen diese zärtliche Neigung, und dies und wie schwarzgallig er sich über die Kleine äußert, und daß er selber sich nicht zufrieden und behaglich in seiner immerhin brillanten Stellung fühlt, das nannte ich vorhin ernstliche Symptome seines Unwohlseins. Ihr hättet ihn heut Mittag hören sollen, wie er über das Fest in Desirabe fluchte — ganz rittmeisterlich! — und sich nach einem „stillen

Abend" bei uns sehnte, dem armen Präsidenten Sottisen sagte und über Hermine spottete und sich ärgerte. Es war bedenklich, sage ich euch, mir wurde beinah bange dabei."

Es blieb still im Zimmer, der Scherz in des jungen Mannes Worten hatte auf die Hörer anscheinend diesen Eindruck nicht gemacht, und nur der Arzt meinte nach einer Weile mit seinem behaglichen Phlegma, in dem er sich in solchen Freistunden noch viel weniger stören ließ als zu anderen, geschäftsvollen Tageszeiten: „na, wenn sich mir ein Reigenbach zum Schwager anböte — selbst für Schwester Lucretia —, ich glaube, ich würde auch nicht sehr enchantirt und höflich sein. Und was Eugens sonstige Verhältnisse betrifft — es ist Geschmackssache! Serenissimus läßt ihn ja wohl gar nicht mehr von sich — hm? Geschmackssache, sage ich, jedenfalls aber nirgends ein Krankheitssymptom."

Wir wissen nicht, ob einer von den drei Alten das plötzliche Lächeln bemerkte, das Erhards Züge überflog, als der Onkel der herzoglichen Zuneigung gedachte. Es wurde auch bereits dämmerig in dem großen Gemach, und gleich darauf erwiderte der junge Mann in anscheinend erstauntem Tone: „der

Präsident Eugens Schwager? Wo denkst du hin, Onkel! Dazu ist der Charmante ein zu guter Rechner und hier obendrein ein selbstloser, reiner Anbeter der fürstlichen Lieblinge. An Schwägerschaften denkt der nicht — wenigstens nicht an derartige."

Zweiundzwanzigstes Capitel.
Eine Geschichte, welche der Aufklärung unseres Jahrhunderts Hohn spricht, aber doch merkwürdig ist.

Das Residenzschloß war eines von jenen halb verschnörkelten, halb nüchternen und langweiligen Bauwerken, wie das vorige Jahrhundert sie ziemlich häufig entstehen sah, und nur ein kleiner Theil des alten Schlosses war bei dem Neubau erhalten und wohl oder übel mit den langen Flügeln in Verbindung gebracht worden, die sich vom Corps de Logis am Platz aus rückwärts gegen den Park erstreckten und hier einen großen, öden Innenhof umschlossen. Dieser Ueberrest umfaßte einen Winkel des letzteren mit seinen schweren, fest aufragenden Massen, gegen den Schloßhof zu grau, schlicht und beinah ein wenig finster, im Park dagegen mit einem zinnengekrönten Eckthurm und einer trotz ihrer Schwere schönen gothischen Façade.

Wie dieser Theil trotzdem zu der Benennung
„Pavillon" gekommen war, ließ sich weder nachweisen
noch recht verstehen; erinnerte doch an ein solches
Bauwerk weder sein Aeußeres, noch das Innere, wo
alle gelegentlichen Renovationen den Grundcharacter
der alten Einrichtung und Eintheilung niemals ganz
hatten zerstören können. Die Corridore und Treppen
blieben immer ein wenig winkelvoll, dämmerig und
hallend, die Gemächer wurden selbst mit Tapeten,
Vergoldungen und neuen Fenstern nicht recht hell
oder gar glänzend; aber wohnlich, im guten Sinne,
waren und blieben sie, das, was man heimlich heißt,
warme, behagliche, ruhige und sichere Nestchen und
obendrein mit einer Aussicht in den Park und auf
den Höhenzug, der das Thal der Residenzstadt be-
grenzte, welche zu jeder Jahreszeit für ein empfäng-
liches Gemüth ihre Reize hatte.

Früher und noch während des neuen Schloßbaues
hatten meistens die Fürsten selber hier ihre Privatzimmer gehabt; hernach waren sie in die helleren
und glänzenderen Räume übergesiedelt, wo sie freilich
mehr Platz fanden sich auszubreiten, und der „Pavillon" stand lange Jahre fast gänzlich unbenützt, um
so mehr als die Sage ging, daß die „weiße Frau,"

das Gespenst auch dieser Fürstenfamilie, sich hieher zurückgezogen habe und gelegentlich sich in den alten hallenden Gängen zeige. Nur im Parterregeschoß hatte vordem der „Schloßhauptmann" seine Wohnung gefunden, so lange dieser Posten einen Vertreter gehabt, und dies waren die Räume, die Hermine reizend genannt, als sie damals dem Vater zu allen Beförderungen Glück wünschte.

Jetzt war das Mädchen dennoch gewissermaßen in den Besitz derselben gelangt, da man hier gegenwärtig die herzogliche Adjutantur eingerichtet und daneben Eugen seine Wohnung angewiesen hatte. Serenissimus, der ganz nahe im anstoßenden Schloßflügel hauste, wollte die Büreaus und Kanzleien, wo dasjenige betrieben wurde, was ihm außer seiner Seligkeit schier allein noch am Herzen lag, und den Mann, der ihm augenblicklich der willkommenste war, freilich begreiflicherweise stets bei der Hand haben, allein die Geschwister hatten dennoch allen Grund, in dieser Wohnung Eugens auch noch eine besondere Gnade des fürstlichen Paars und das herzliche Wohlwollen zumal der Herzogin zu erkennen. Denn über Eugen, nur durch eine Treppe und einen Corridor von ihm geschieden, fand Hermine, als sie mit dem

Beginn des Frühlings aus der Auguststraße in das
Schloß übersiedelte, ihre Zimmer eingerichtet, — neben
denen ihrer Collegin, des Fräuleins Bertha von
Rausnitz, und doch so isolirt, daß der Verkehr mit
ihrem Bruder durch diese Nachbarschaft nirgends beeinträchtigt wurde.

So hatte es die Herzogin selber bestimmt oder
doch erlangt — in Militärangelegenheiten folgte Serenissimus bekanntlich noch am meisten seinem eigenen
Kopf —, und sogar die Einrichtung der Zimmer, in
denen das junge Mädchen wohnen sollte, mit eigenen
Augen überwacht, ja zum Theil selbst angeordnet.
Und daß dies nicht etwa bloß ein Gerücht, schien
auch daraus hervorzugehen, daß die hohe Frau ihre
beiden Damen in der anmuthigen Einsamkeit wohl
einmal persönlich heimsuchte, gnädig und liebenswürdig, wie sie es gelegentlich in hohem Grade zu sein
verstand, und zuweilen fast gemüthlich ausruhend an
einem der Fenster, durch welche man weit in den
prachtvoll aufgrünenden Park hineinblickte.

Die Fürstin hatte gut für ihre Damen gesorgt;
die Wohnung genügte allen Ansprüchen der Bequem-
lichkeit, des Herzens und des Auges, und da die
Privatzimmer der Herzogin über denen ihres Gemahls

lagen und also verhältnißmäßig nahe waren, selbst die Staatsgemächer sich leicht und sicher erreichen ließen, so wurde beiden ihr Dienst gleichfalls so bequem wie möglich gemacht. Endlich war ihre Wohnung so ruhig und abgeschlossen, wie es nur die strengste Sitte verlangen konnte. Außer ihnen wohnte niemand hier als Eugen und die Familie eines Kanzleidieners; von den übrigen Schloßbewohnern waren sie weit getrennt, und an die sagenhafte Geister-Nachbarin dachten selbst die jungen Mädchen ohne Schrecken oder vielmehr gar nicht. Unsere Zeit ist für die Gespenster eine glückliche, sie gelangen alle zu ihrer wohlverdienten endlichen Ruhe.

Die Untersuchung, ob das Löwenberger Hausgespenst gleichfalls die grausame Orlamünder Gräfin, welche sich getreulich zu den Hohenzollern hält, oder ob es nur irgend ein anderes armes Wesen, das für irgend eine Unthat in weißen Gewändern umherspazieren und die Menschen weniger mahnen als erschrecken mußte, — würde uns zu weit von unserer Geschichte abführen, und obendrein vermuthlich kaum ein Resultat gewären, da der große Brand, dem das alte Schloß sein Ende und das neue seine Entstehung verdankte, auch den größten Theil des

Familienarchivs verzehrt hatte, und seitdem — d. i. etwa seit 100 Jahren — kaum ein oder zweimal von einer neuen Erscheinung etwas vernommen worden war. Es genügt völlig zu wiederholen, daß die wenigsten von dieser Sage überhaupt noch wußten, und daß Diejenigen, bei denen dies der Fall, den Geist gleichfalls allein vom Hörensagen kannten.

Es war daher immerhin auffällig genug, daß man am Morgen nach dem Frühlingsfest plötzlich von einer Erscheinung zu flüstern hatte, die in der vergangenen Nacht beobachtet worden war, und zwar unter Umständen, welche die Sache noch räthselhafter machten.

Der „Pavillon" war von jeher, auch im alten Schloß, ein Gebäude für sich und für alle anstoßenden Theile, bis auf einen Durchgang im Parterre des Ostflügels völlig unzugänglich gewesen. Dies war durch den neuen Bau nicht verändert worden; der Südflügel, in welchem sich der Leibstall, mehrere Dienerwohnungen und allerhand zu untergeordneten Zwecken benützte oder auch nicht benützte Räumlichkeiten befanden, war von ihm durch eine Mauer geschieden, von der man nur wußte, daß sie damals dem Brande Einhalt gethan hatte; eine Verbindung

fand hier nicht statt. Die Einrichtung des Flügels
war nicht von der Art, daß man geheimnißvolle
Pforten, Treppen und was sonst in dies Genre gehört, übersehen haben könnte. Vom Ostflügel, wo
das herzogliche Paar wohnte, führte der genannte
Durchgang im Parterre auch jetzt noch in den „Pavillon" hinein, zuerst auf einen kleinen Querflur und
sodann in einen Corridor, durch den man in die
Kanzleien und sonstigen Räumlichkeiten der Adjutantur
gelangte. Daran schloß sich die große Halle mit dem
Haupteingang vom Schloßhofe her, und an der südlichen Wendung derselben lagen die Zimmer Eugens
bis an den oben erwähnten massiven Abschluß des
Gebäudes. Die sämmtlichen Fenster dieser Gelasse
hatten gegen den Park zu gebauchte und zierliche,
aber massive Eisengitter, und eben solche beschützten
auch die Fenster, welche in den Schloßhof führten
und zur Wohnung des Kanzleiaufsehers sowie zu
einem Zimmer für Eugens Diener gehörten. Zum
Ueberfluß wurde die Thür des Haupteingangs all-
abendlich verschlossen und stand die Außenseite so gut
wie die Innenseite unter der Aufsicht eines mit der
Dämmerung aufgestellten Postens.

Dieser Eintheilung des unteren Geschosses entsprach die des oberen im Allgemeinen ziemlich genau, wenn auch Einzelheiten anders waren; der kleine Flur, der große Corridor, die Halle waren ganz ebenso da, nur daß die letztere in ihrer Wendung gegen Süden mehr Platz zu Zimmern abgegeben hatte und daher hier gleichfalls in einen Corridor auslief. Ueber den Kanzleien lagen die Zimmer des Fräuleins von Rausnitz, über denen Eugens die Gemächer seiner Schwester; der wiederum schon erwähnte Eckthurm, welcher beide Wohnungen schied, enthielt einen, von den Damen gemeinschaftlich benützten kleinen Salon. Gegenüber, in den Schloßhof blickend, waren Zimmer für die Bedienung.

In der Halle, welche gleich allen anderen Räumlichkeiten gewölbt war, wurden beide Geschosse durch eine große, aber fast dunkle Treppe verbunden; auf dem kleinen Flur fand sich eine zweite, hellere, jedoch schmale — eine sogenannte Lauftreppe, in dem hier befindlichen erkerartigen Vorsprung des Baus. Und da die Fürstin diese Wohnung für ihre Damen bestimmt hatte und dieselbe sich und ihnen so bequem zugänglich wie möglich machen wollte, so hatte sie in ihrem Geschoß ebenfalls eine Oeffnung durch die Scheidemauer brechen lassen, correspondirend mit dem unteren Durchgang und ebenso wie dieser von dem breiten Schloßcorridor in den schmalen des Pavillons führend.

In dem Corridor vor den Zimmern des Fürsten stand Tag und Nacht ein Posten; droben vor den Gemächern seiner Gemahlin zog ein solcher gleichfalls mit dem Beginn der Dunkelheit auf, — zu welchem Zweck, wissen wir nicht. Von beiden konnten die weiten und hohen, graden Gänge, die obendrein Nachts immer erhellt blieben, bis zum Durchgang in den Pavillon vollständig übersehen werden.

Ueber all den geschilderten Räumlichkeiten lagen im Schloßflügel nur noch Mansardenzimmer, theils von Hofbediensteten bewohnt, theils unbenützt. Im Pavillon standen die beiden noch vorhandenen oberen Geschosse völlig leer und ohne alle Einrichtung. Sie hatten nur einen einzigen Zugang über die große Treppe — die kleine endete im ersten Geschoß — und dieser war durch eine massive Thür abgesperrt, welche, bei dem angegebenen Zustande der oberen Räume sehr begreiflich, fast niemals erschlossen wurde.

Nach allem Diesem bedarf es kaum einer besonderen Versicherung, daß fast unmöglich irgend ein

Unberechtigter zur ungehörigen Stunde das Schloß
betreten oder verlassen konnte, ohne alsbald bemerkt
und, jenachdem, erkannt, verfolgt und gefunden zu
werden. Von einem Versteckplatz war, wenn man
nicht die Zimmer selber betrat, auch in dem winkel=
vollen Pavillon kaum die Rede, und wer die Gemächer
aufsuchte, mußte dies mit dem Willen und Wissen der
Bewohner thun und vermochte sie nur auf einem
Wege zu verlassen, wo er unvermeidlich von neuem
erblickt wurde.

Trotz alledem hatte sich in der letzten Nacht
irgend etwas oder jemand in den Schloßgängen be=
wegt, war erschienen, verschwunden und wieder zum
Vorschein gekommen, in einer Weise, die wenn die
Zuschauer nicht durch die Furcht geblendet waren,
räthselhaft genannt werden mußte, und auf Plätzen,
zwischen denen die einzig bekannte Verbindung n i ch t
benutzt sein sollte.

Als die Schloßuhr eben den letzten Schlag der
Mitternachtsstunde hatte vertlingen lassen — der Hof
war von Desirade noch nicht zurückgekehrt —, sah
der Posten vor den Zimmern des Herzogs plötzlich
eine weiße Gestalt sich den matt erhellten Corridor
entlang bewegen. Woher sie gekommen, vermochte er

nicht anzugeben; sie war mit einemmale da, ohne daß
das Geräusch einer geöffneten oder geschlossenen Thür
vernehmbar geworden, und glitt ohne den geringsten
Laut weiter, über den Vorplatz, zu dem sich der Cor=
ridor in der Nähe des hier befindlichen Schloßportals
ausweitete, in den Gang hinein und unhörbar fort,
gegen den Pavillon zu. Der Bursche war so ver=
dutzt, daß die Erscheinung schon eine ziemliche Strecke
voraus war, als er ihr nachzueilen begann. Einzu=
holen vermochte er sie nicht, und dies und daß ihr
Schritt völlig geräuschlos, während der Soldat den
eigenen gut genug vernahm, machte ihm die Sache
eigentlich zuerst etwas bedenklich. Von dem Schloß=
gespenst hatte er niemals gehört und war überdies
nach der Aussage seiner Vorgesetzten und Kameraden
ein aufgeweckter und kluger, beherzter Mensch.

Diese Eigenschaften bewies er auch jetzt, denn
mochte er sich denken, was er wollte, die Verfolgung
gab er darum nicht auf. Er betrat, immer etwa zwanzig
Schritt hinter der Erscheinung den Pavillon, dessen
Gänge, da seine Bewohner gleichfalls entfernt, we=
nigstens zur Nothdurft erleuchtet waren; wo die Ge=
stalt ihm bei einem Vorsprung wirklich einmal aus
den Augen kam, sah er sie, nachdem er denselben

gleichfalls paſſirt hatte, doch alsbald wieder vor ſich, immer in der gleichen Weiſe geräuſchlos weitergleitend, bis an das letzte Zimmer Eugens. Da war ſie plötzlich fort, obgleich grade dieſer Theil der großen Halle. völlig hell war und der Poſten das Oeffnen einer Thür wenigſtens hätte ſehen müſſen. Er rief, ohne den Platz zu verlaſſen, Eugens Diener aus deſſen Zimmer; der Kanzleiaufſeher war gleichfalls noch wach und kam dazu. Die beiden letzteren unterſuchten, nachdem der Soldat auf ſeinen Poſten zurückgekehrt war, den Platz ohne Erfolg; das Hallenthor und die Thüren von des Adjutanten Zimmern waren verſchloſſen. Der ſchmale Gang zwiſchen dem Zimmer des Dieners und dem Schlafgemach Eugens, der durch ein kleines vergittertes Fenſter dieſen hinterſten Theil der Halle erhellte, war leer, ohne eine Thür und ohne einen Winkel, in dem man ſich hätte verbergen können.

Beide Männer beſchworen es, daß ſie keine Thür unverſchloſſen gefunden, daß ſie nichts Ungewöhnliches geſehen, daß ganz unmöglich irgend etwas Sichtbares an ihnen habe vorüber kommen können, ohne bemerkt zu werden. Und da der Poſten die Geſtalt im hinterſten Theile der Halle verſchwinden und nicht zurück-

lehren fah, so mußte dieselbe dort, wenn auch auf
irgend eine Weise versteckt, geblieben sein. Dennoch
hörten die Männer, die den Platz noch nicht verlassen
hatten, plötzlich den Anruf des Postens im oberen
Corridor, der durch den gewölbten Raum und die
Todtenstille des Gebäudes vernehmbar zu ihnen herab=
klang. Dem Ruf folgte das Geklirr einer fallenden
Waffe, und als sie die nahe große Treppe hinauf=
eilten, fanden sie die Schildwacht — diesmal einen
hasenfüßigen Burschen — mehr todt als lebendig im
Corridor lehnen. Der Mensch hatte durch die
drunten laut werdenden Stimmen aufmerksam ge=
macht, sich der oberen Halle genähert und war hier
mit einemmale durch die Erscheinung der weißen Ge=
stalt entsetzt worden, die von Herminens Zimmer her,
um die Treppe herum, nahe an ihm vorüber in den
Corridor geschwebt war.

Der Kanzleiaufseher und Eugens Diener be=
griffen diese Angabe zwar nicht, da die Erscheinung
wenigstens nicht auf der Treppe nach oben gelangt
war und keine andere Verbindung stattfand, eilten
jedoch im Corridor weiter bis zum Durchbruch in
den Schloßflügel und — erblickten wirklich in der
Ferne, in der Gegend des sogenannten blauen Saals,

mit dem die Privatzimmer der Fürstin schlossen, die Erscheinung, aber nur um sie im nächsten Augenblick zerfließen zu sehen — mitten in dem breiten, taghell erleuchteten Corridor war sie wie ein leise sich zertheilender Rauch verschwunden.

Es stand fest, daß etwas passirt war, was sich weder vornehm oder ungläubig negieren ließ — denn die beiden letzten Zuschauer verdienten das gleiche Zeugniß wie der erste Beobachter, sie waren nicht voreingenommen, sondern ruhig, nüchtern und herzhaft —, noch für das man alsbald eine sogenannte verständige Erklärung bei der Hand hatte. Wer auf solche hinauswollte, mußte von vornherein zugestehen, daß der Geist sich gar keine unpassendere Nacht zu seinem Erscheinen habe aussuchen können als die letzte, wo die späte Rückkehr des Hofes alle Bewohner des Schlosses wach erhalten und fast unvermeidlich irgend eine Begegnung herbeiführen mußte, die — immer die verständige Erklärung festgehalten — doch auch zu ziemlich seltsamen, wo nicht gar verdrießlichen Folgen führen konnte. Aber an die Wahl dieser letzten Nacht schloß sich auch noch eine weitere, um vieles pikantere Frage: wer war denn im Schloß zurückgeblieben, der an solcher Promenade und Masgerade hätte Vergnügen finden können, oder um beſſentwillen ſie unternommen worden wäre? Es war weder auf der einen, noch auf der anderen Seite ein Menſchenkind da, bei dem oder für das es ſolcher zu bedürfen ſchien. Und der Flügel der alten Hoheit kam nicht bloß wegen ſeiner Entfernung und Abge= ſchloſſenheit nicht in Betracht, ſondern ſeine Bewohner waren denn doch auch zu geſetzt für ſolche Pagen= ſtreiche.

Das erkannten denn auch diejenigen ſogleich, welche noch in dieſer Nacht von dem Fall unter= richtet wurden: der Hausintendant und der Offizier der Schloßwache. Beide verſtändigten ſich noch vor der Rückkehr des Hofes dahin, daß man bei der Reizbarkeit und Verſtimmung des Herzogs das tiefſte Schweigen zu bewahren habe, und machten dasſelbe den Betheiligten zur Pflicht, ſich ſelbſt die weitere auferlegend, die Augen offen zu halten und bei Wie= derholungen dem Geiſt möglichſt bald zur Ruhe zu verhelfen.

Als der Hof gegen zwei Uhr von Deſirade zu= rückkam, erfuhr vermuthlich einzig Eugen von der Sache, dem der Diener ſie mittheilte. Der junge Mann, der nicht heiterer heimgekehrt war, als er

nach Erhards Bericht gegangen sein sollte, fuhr bei=
nah zornig auf über den „Unsinn," den schwache oder
betäubte Köpfe ausgeheckt, und verbot dem Diener
mit harten Worten auch nur eine Silbe über den
Fall laut werden zu lassen. Auch den Kanzleiaufseher
wollte er eben dahin bedeutet wissen und den Posten
stellte er scharfe Strafe in Aussicht.

Erst da er am Morgen den Aufseher selber
sprach, und dann vom Offizier der Wache, einem nä=
heren Bekannten, weitere Aufklärung erhielt, fing er
mit dem Letzteren, der seltsamerweise die Sache beim
Tageslicht ernster ansah als in der Nacht, an, in
dem Fall etwas mehr zu sehen als die Ausgeburt
eines angstvollen oder trunkenen Kopfes. Der Offi=
zier trat für die Zurechnungsfähigkeit des ersten seiner
beiden Posten unbedenklich ein; der Bursche blieb un=
abänderlich bei seiner Angabe — die Rückkehr des
Gespenstes durch den oberen Stock und was dort sich
begeben, hatte er erst nach seiner Ablösung auf der
Wache erfahren — und hatte sich von freien Stücken
erboten, in der nächsten Mitternacht den gleichen
Posten zu beziehen. Und da Eugens Diener und der
Aufseher ebensowenig zu verwerfen waren und man,
um dies zu wiederholen, unter den angegebenen Um=

ständen an eine pikante Skandalgeschichte kaum denken
konnte, so mußte man sich entweder wohl oder übel
bei der Sache beruhigen oder nach einer Erklärung
mit mehr als leeren Vermuthungen zu suchen be-
ginnen.

„Ich meine," sagte der Offizier zwar im scher-
zenden Ton, aber doch mit eigenthümlich festem Blick
zu dem verstimmten Freunde, „daß mit allem Respect
vor Serenissimus gesagt, diese Erscheinung der Weißen
eher Dir gelten, wenigstens wichtiger für Dich als
für ihn sein möchte."

Eugen runzelte die Stirn. „Dürfte ich Dich
um eine nähere Erklärung dieser Worte —"

„Sei nicht thöricht," unterbrach ihn der Kamerad
mit dem gleichen festen Blick. „Zeichne Dir einmal
den Weg auf, den die Weiße gemacht haben soll:
durch den Ostflügel und euren Burgbau bis zu Deinen
Zimmern; dort Verschwinden und Wiedererscheinen
eine Treppe höher, von den Zimmern her, die — ich
bin des Glaubens," brach der Sprecher wieder scherzhaft ab, „daß eine solche Heimsuchung unter Umständen ihr Schmeichelhaftes oder gar Angenehmes haben,
daß aber unter anderen Umständen schon ihre Nähe
diesem oder jenem ziemlich verdrießlich sein möchte."

„Kamerad!" sagte Eugen lebhaft.

„Mißverstehe mich nicht, Stillberg," sprach der Andere begütigend. „Ich denke, daß wir den Fall, mag dahinter stecken, was will, nach Kräften ver= heimlichen, besonders um des Herzogs willen, daß wir ihm für uns aber dennoch hübsch aufmerksam nachgehen, und daß Du besonders alle Veranlassung zu dem Wunsche hast, die Promenade oben wenigstens sistirt zu sehen."

Eugen ging düster blickend auf und ab. „Es ist aber ein Unsinn," sagte er endlich grollend. „Hier ist keine Verbindung zwischen unseren Geschossen."

„So nimm an, daß mein Bursche dennoch sich getäuscht und die Weiße an ihm vorüber ganz schicklich die Treppe hinauf spaziert sei. Wird dadurch etwas geändert?" fragte der Kamerad.

Stillberg erwiderte nichts. Erst nach einer Pause, während welcher der Andere ruhig dem auf= gesetzten Frühstück zusprach, blieb er vor ihm stehen und sagte — diesmal jedoch hörbar nicht mehr ge= reizt, sondern nur gepreßt, ja fast traurig: „bei Deiner Ehre, August, und bei Deiner Freundschaft, — wagt man irgendwo Bemerkungen —"

Die erhobene Hand des Freundes ließ ihn ab=

brechen, und dann sagte dieser mit herzlichem Ernst, indem er sein Besteck hinlegte und sich erhob: „Die wagt man nicht, wenigstens nicht vor mir. Aber, mein Freund, wir dürfen uns, glaub' ich, nicht verbergen, daß hier nach all der Strenge oder neben ihr oder trotz ihr, ein Ton einzureißen beginnt, dem gegenüber man für sich und die Seinen auf der Hut sein muß. Ich will es Dir — natürlich nur Dir — schon jetzt sagen, daß ich, wenn ich verheirathet bin, meine Anna wo irgend möglich nicht an den Hof führen werde. Sapienti sat."

Eugen sagte nichts mehr, sondern drückte dem Freunde nur fest die Hand, und machte sich, als derselbe geschieden war und da er selber heut Morgen keinen Dienst hatte, an eine genaue Untersuchung der Räumlichkeiten, in deren Nähe die Erscheinung verschwunden sein sollte. Eine Aufklärung ergab sich indessen nicht, und auch der alte pensionirte Kastellan, der im Schloß geboren war und dasselbe bis in die fernsten Winkel kannte, wußte keine zu geben.

Trotz aller Vorsichtsmaßregeln und directer Befehle hatte das Gerücht indessen sich bereits im Schloß zu verbreiten begonnen, und mehr als einer von der Dienerschaft machte sich ein höchst überflüssiges Ge-

schäft im „Pavillon," um wenigstens den Haupt=
schauplatz der wunderbaren Begebenheit zu besichtigen
und womöglich den Aufseher oder Eugens Diener zu
einigen Mittheilungen zu bringen. Das gelang ihnen
denn freilich nicht, da die Betreffenden sich an das
Verbot hielten.

Wie weit sich das Ereigniß schon ausgebreitet
hatte, erfuhr demnächst aber Eugen selbst, als er
unter den schönen Bäumen im Schloßhofe auf und
abgehend — nach der ziemlich ruhelosen Nacht und
den Sorgen und dem Verdruß, die der Morgen gebracht, war ihm wenig erbaulich zu Muth, — den
alten Commerzienrath aus dem westlichen Flügel
kommen sah und zu ihm hinübereilend, mit Herzlichkeit begrüßte. „Das ist eine wirkliche Genugthuung
nach all der Langenweile und dem Verdruß," sagte
er, die Hand des Alten drückend. „Wie lange habe
ich Dich nicht gesehen, Großpapa! Wie steht's daheim?
Tritt ein bischen bei mir ein — ich bin bis zwölf
Uhr noch frei, und jetzt wird Hermine auch wohl
endlich aufgestanden sein. Wir wollen sie rufen
lassen, sie hat heut Morgen keinen Dienst."

Der alte Herr stützte sich bequem auf seinen
großen Stock und schaute den jungen Freund nach=

dentlich an. „Dazu wird keine Zeit sein, mein Sohn, ich bin heut Morgen noch gar nicht im Geschäft gewesen," versetzte er achselzuckend, „aber es wäre auch uns allen herzlich lieb, wenn wir uns wieder einmal ordentlich sehen könnten. Die Alte hat solch Verlangen nach euch — ihr müßt euch wirklich frei machen. Wir bedürfen alle Aufheiterung," fügte er hinzu, „und finden die doch am besten bei und miteinander. Erhard sagte von Deiner Verstimmung, es scheint heut nicht besser zu sein. Die Falten da auf der jungen Stirn —"

„Hofdienst, Großpapa!" unterbrach Eugen ihn beinah bitter. „Aber laß es gut sein, bei euch werden die Falten schon verschwinden. Ich komme bald, vielleicht heute noch, denn mir ist nach einer friedlichen Stunde zu Muth, die mir hier nicht wird. Es gibt stets zu sorgen, zu bedenken, Aerger und Widerwärtigkeiten — der Teufel hol's!"

„Was Kukuk, bringt Dich das weiße Gespenst so in Harnisch?" fragte der Alte lächelnd.

„Das weiße Gespenst? Was weißt Du davon, Großpapa?" rief Eugen beinah erschrocken aus.

„Ei, drüben ist alles voll davon und die alte Hoheit hat mir ein hübsch Stück darüber vorgelacht und vorgespottet. Ich thu' das freilich nicht nach," setzte der Greis, den Kopf schüttelnd hinzu. „Denn wie albern dergleichen Fratzen auch sind, auf Diesen oder Den machen sie doch Eindruck. Ich erinnere mich daran, der alte Wilhelm der Zweite ist seiner Zeit an dieser Sage gestorben, und das war ein anderer Mann — ihr solltet Serenissimus vor dem Gerücht zu bewahren suchen. Er sieht ohnehin dunkel genug in's Leben, glaube ich."

In diesem Augenblick hielt ein Wagen vor dem Schloßportal und der Präsident Reigenbach hüpfte aus dem Schlag. Als er die beiden Herren unter den Bäumen erkannte, kam er eilig auf sie zu. Und nach einem verwunderten Blick durch das eingekniffene Glas auf den Commerzienrath und nach einem steifen Nicken, floß es ihm noch sanfter und lispelnder als vorhem von den Lippen: „mon cher baron — sanft geruht unter dem schirmenden Dache des Schlosses? Doch schöner Abend gestern — ächt fürstlicher Gedanke! Glücklich ihn erlebt zu haben! Fräulein Schwester so heiter — reizend! Versichere Sie, einstimmiges Entzücken —"

Dem Commerzienrath währte es zu lange mit diesem „Strom von Beredtsamkeit," den der Präsident sich gern nachrühmen hörte. Er bot Eugen die Hand und setzte den Stock weiter. „Also darf ich der Alten sagen, daß Du einsprichst, mein Sohn?"

„Womöglich heute noch, Großpapa, ich hätte auch mit Dir noch sonst zu reden," lautete die herzliche Erwiderung. „Für Hermine kann ich freilich nichts bestimmen."

„Laß sie, laß sie, mein Junge, 's ist ja nicht ihre Schuld!" sagte der alte Herr freundlich; „zuerst die Pflicht, dann das Vergnügen. Adieu — Gott mit Dir, Eugen!" Und mit seinem festen, stetigen Schritt bewegte er sich über den Schloßhof hin.

Reigenbach sah ihm eine Weile durch das Glas nach, bevor er, zu Eugen zurückgewandt, achselzuckend bemerkte: „ungemein cordial, dieser alte Bürger! Ihnen das recht, cher baron?"

„Eine Ehre," sagte Eugen kurz und hart, indem er ohne Rücksicht auf seinen Begleiter sich gegen den Eingang des Pavillons wandte.

„Ach ja, erinnere mich — viel dort gewesen! Freundliche Leute!" plauderte Reigenbach neben ihm her. „Enkel — kluger Kopf, brauchbar, aber gefährlich! — Apropos — weiße Frau über Nacht im Schloß, cher baron — im Pavillon, hi?"

„Mein Herr Präsident," sprach der Offizier stehen bleibend, in militärischer Haltung und — man möchte sagen: auch militärischem Ton, „ich weiß zwar nicht, wie Ihnen diese Albernheit zu Ohren gekommen, deren Weiterverbreitung den Betheiligten auf das strengste verboten wurde; allein ich kann Ihnen von diesem Verbot sagen und als den Willen Ihrer Königlichen Hoheit aussprechen, daß dieser Fall selbst in den Hofkreisen unbekannt bleibe. Es soll nicht darüber geredet werden, bis man auch Aufklärung hat. Muß ich Ihnen die Gründe anführen?"

„Bitte, bitte, cher baron! Begreife vollkommen! Wußte nicht — Königliche Hoheit unterrichtet — so ernst! Dachte — spaßhaftes Histörchen —"

„Wie Sie hören, hält man es neben der Albernheit auch für ziemlich ernst. Also, Discretion, Präsident!" Und der junge Mann ging nach einem kurzen Nicken in die Thür des Pavillons hinein.

„So so! Königliche Hoheit selber und schon conferirt?" lispelte Reigenbach vor sich hin, sanft das Haupt neigend. „Remarkabel, sollte ich denken! Hm! Serenissimus so —? Ei, nicht reden, nur ein wenig horchen." Er trat gleichfalls, aber in das Portal des Flügels; die Stunde des Vortrags war gekommen.

Als Eugen sich seinem Zimmer näherte, fand er die Zofe der Schwester mit seinem Diener im Gespräch an der großen Treppe. Das hübsche kecke Kind brachte ihm die Nachricht, daß Hermine sich jetzt „freuen werde, seinen Besuch zu empfangen." Da er sich früher nach ihr erkundigt, war sie noch nicht sichtbar gewesen. Er sah nach der Uhr. „In einer Viertelstunde," sagte er kurz und trat in seine Thür.

Die Zofe schüttelte das Köpfchen. „Solch ein Herr, Friedrich! So beliebt, so vornehm, so jung, und doch so grämlich! Da lob' ich mir Fräulein Schwester, Friedrich, bei der wird's nicht täglich schlimmer, sondern besser, sie wacht ordentlich auf!"

Dreiundzwanzigstes Capitel.
Von Frauenzauber und Mädchenlaunen, welche zu höchst bedeutsamen Offenbarungen führen.

„Also endlich ausgeschlafen?" sagte er, in das Zimmer tretend, in spöttischem Tone.

„Und noch nicht die schlechte Laune überwunden?" fragte sie — selbst hörbar in der besten — entgegen. „Ich glaube gar, du kommst, um mir Vorlesungen zu halten über irgend eine unwissentlich begangene Sünde," fuhr sie heiter fort, indem sie die blonde Locke vor dem Spiegel zurückstrich, die sich von ihrem Halte gelöst unter dem Morgenhäubchen hervordrängte. „Ein Besuch von dem Herrn Major, und so früh, und nach Resi's Angabe mit so finsterer Miene — puh! Aber ich fürchte mich nicht, gestrenger Herr," schloß sie zu ihm tretend und ihm schalkhaft in die Augen sehend; „ich habe ein gut

Gewissen — es müßte denn sein, daß du mich wegen Reigenbach —" sie brach in ein fröhliches Gelächter aus.

Er hatte sich auf dem kleinen Lehnstuhl in der tiefen Mauernische an's Fenster gesetzt. Die Marquise war halb herunter gelassen, so daß die heißen Sonnenstrahlen sein Auge nicht blendeten; aber da draußen breiteten sie sich mit voller, goldiger Gewalt über den Park hin, die stolzen Wipfel umfließend und die laubigen Hallen drunten durchleuchtend, auf den weiten Rasenflächen träumend; und das Fenster war geöffnet, so daß die köstliche Luft, die von den grünen Bergen über den blüthenvollen Park daherkam, duftig und wohlig in das Gemach drang und die weißen Vorhänge leise, leise wiegen ließ — es war gar anmuthig hier, draußen und im Innern, einem ächten, zierlich aufgeputzten und durch Sauberkeit und Geschmack reizenden Mädchenstübchen, und am anmuthigsten war die junge Herrin selbst in dem leichten und luftigen Morgenkleide, mit den rosigen Wangen und den klaren, lächelnden Augen — man konnte hier nicht grämlich oder sorgenvoll bleiben.

Sie sah's wohl, der Bruder vermocht' es auch nicht; ein — wir müssen wohl sagen: gütiges Lächeln

tauchte aus seinem Auge hervor und verschönte sein
männliches Gesicht wunderbar, in dem sonst die
Schwester so gut, wie alle Welt fast nur noch einem
strengen oder gar finsteren Ausdruck begegnete, und
indem er ihre Hand nahm, sagte er innig: „Gott
erhalte dir deinen Frohsinn und dein —" er lächelte
heller — „dein gutes Gewissen, wenn auch nur in
deiner Einbildung, du übermüthiges Kind!"

„Gottlob!" sprach sie schelmisch, „so kann ich
dir doch lustig guten Morgen sagen!" Und nachdem
sie seine Stirn mit ihren Lippen gestreift, blieb sie,
leicht gegen seine Schulter gelehnt stehen und redete
mit weicherem Klange weiter: „sieh, Eugen, ich bin
so heiter, mir ist so leicht, ich fühle mich so glücklich
hier, so zufrieden! Und frei bis zur Tafel und du
bei mir und freundlich. Mir ist, als könnt' ich grade
in den Himmel hinauf fliegen!"

„Mein Fräulein von Stillberg," sagte er scherzend,
aber sein Auge blickte sie zärtlich an, „sind das Reden und Gedanken, wie sie sich für das Hoffräulein
Ihrer Königlichen Hoheit schicken?"

„Und warum nicht?" versetzte sie ernster. „Glaube
mir, Eugen, unsere hohe Frau verlangt wahrhaftig
nicht mehr Etikette, als Herkommen und Verhältnisse

unumgänglich erfordern, und am wenigsten, daß man auch sein Herz danach modelt. Ich weiß ja, daß mich dumme Menschen hochmüthig und kalt heißen — ich bin's auch, unschicklichen Ansprüchen gegenüber oder gegen Töne — es klingen dergleichen zuweilen in unseren Kreis hinein —, die ich nicht hören will. Aber sonst bin ich's gewiß nicht — es drängt mich nichts dazu, am wenigsten unsere Fürstin. Sie ist so himmlisch gut, sie ist innerlich so heiter, sie legt so gern einmal den Fürstenmantel ab und ist so gern froh mit den Frohen und über sie, — allein, es wird ihr nur nicht oft so gut. Denke an gestern — war sie nicht hinreißend in ihrer Güte und Freundlichkeit? War sie nicht entzückend, auch nur als die heitere, schöne Frau? Du könntest das besser wissen als viele," fügte das Mädchen gedämpfter zu der eifrigen Rede hinzu. „Sie will dir freundlich wohl, sie erkennt herzlich an, was in deiner Stellung nicht leicht, nicht so ist, wie es sein könnte, sie unterhält sich gern mit dir. Alle Welt sieht's und beneidet dich. Nur du bleibst stets der Adjutant im Dienst. Ich sah, wenn du vor ihr standest, noch nie diese Falte da weichen —," ihr Finger strich leise über seine Stirn — „und ihr Lächeln besiegt doch sonst die trotzigsten Geister!"

Die Falte auf seiner Stirn war freilich da und wich auch nicht vor ihrem Finger; der freundliche Ausdruck hatte sich überhaupt aus seinen Zügen völlig wieder verloren und sein Auge ruhte ernst sinnend auf dem sonnigen Park. Er hatte ihre Rede nicht einmal durch eine Bewegung unterbrochen, und als er, nachdem sie schon eine ganze Weile geschwiegen, den Blick auf sie zurückwandte, ließ er denselben langsam über ihre Gestalt hingleiten und sagte dann: „apropos Fürstenmantel — du hast die Trauer abgelegt, Schwester?"

„Findest du es unrecht?" fragte sie, ihre Ueberraschung über die unerwartete Antwort zurückdrängend.

„Kaum," erwiderte er, freundlicher blickend. „Da du einmal die Stellung hast und dich doch nicht von der Gesellschaft ausschließen kannst, würde ein strenges Innehalten der Trauerzeit am Ende wie Eigensinn erscheinen und dich obendrein — nicht wünschenswerth — auszeichnen."

„Es macht mich glücklich, daß du so denkst," sprach sie eifrig, mit flüchtiger Röthe auf den Wangen. „Ich rechnete etwa ebenso. Im Herzen werd' ich unsern Verlust auch nach dem Jahre — ja mein ganzes Leben lang, nicht vergessen, äußerlich aber kann ich nicht mehr an ihn erinnern. Wir müssen's der Fürstin danken, daß sie mir bisher nie etwas in den Weg legte. Gestern Morgen zum erstenmal deutete sie darauf hin, daß ich mich nicht länger ausschließen solle — gestern blieb ich fest. Ich wollte grade bei diesem Feste zeigen, daß meine Stimmung unverändert. Heut geb' ich nach — ich werde für's Erste aber noch nichts Buntes tragen, sondern nur Weiß oder Grau — das reizende Geschenk der Fürstin — ei mein Gott!" unterbrach sie sich lebhaft, „ich habe dir wohl noch gar nicht davon gesagt oder es dir gezeigt, Eugen? Resi soll —"

„Laß, laß!" fiel er lächelnd ein. „Davon versteh' ich nichts und glaube dir, daß es reizend. Sage lieber — du bist heut frei?"

„Weßhalb? Wahrscheinlich; es ist Bertha's Tag, und ich hörte von keinem besonderen Vorhaben."

„Wenn du frei wärest, könnten wir heut Abend zu den guten Alten gehen, Kind."

Es zuckte etwas wie eine leichte Verlegenheit durch das schöne Gesicht des Mädchens. „Ach Gott, Bruder, mißverstehe mich nicht," sagte sie auch in befangenem Tone. „Ich habe die lieben Alten gewiß so herzlich und treulich lieb wie du, allein es finden sich jedesmal weniger Berührungspunkte und —"

Sie hielt inne und sah sich um, da die Thür hinter ihr geöffnet wurde. Im nächsten Augenblick war sie auf die Eintretende zugeeilt, und beugte das Knie vor der hohen, stolzen Erscheinung — „Königliche Hoheit, diese Gnade!" rief sie dabei, halb wirklich erschrocken, halb mit dem Ausdruck der süßesten Freude.

„Kind, was treiben Sie für Thorheiten?" sprach die Fürstin, ihr die Hand reichend, welche Hermine, sich erhebend, an die Lippen zog. „Also eine weiße Taube find' ich hier — heiter, rosig, frisch und unverletzt, trotz des Schreckens der Nacht —"

„Königliche Hoheit?" sagte Hermine fragend.

„Wurden Sie nicht erschreckt, Kleine? Wissen Sie am Ende gar nichts von den furchtbaren Begebenheiten?" fragte die Fürstin scherzend. „Da, der Herr Major — der weiß davon — man sieht's ihm an!" Ihr großes Auge maß den jungen Mann mit einem dunklen, aber nicht unfreundlichen Blick.

„Königliche Hoheit befehlen —" sagte er in dienstlicher Haltung und eben solchem Ton.

Die Fürstin hatte sich auf dem kleinen Ecksopha

niedergelassen, ihr Blick ging freundlich von einem der Geschwister zum anderen. „Kinder," sprach sie dann heiter, „wenn ich ein wichtiges geschwisterliches Gespräch gestört habe, sollt' es mir leid thun. Allein ich mußte mich nach dem, was mir Therese erzählt hat, wirklich nach meiner Kleinen umsehen, und da ich mich nun doch einmal emancipirte, ist's mir lieb, daß ich Sie treffe, lieber Stillberg. Ich entbinde Sie von Ihrer Dienststrenge," fügte sie lächelnd hinzu. „Wir sind Beide zum Besuch bei Ihrer Schwester. Also — nicht so ernst und sorgenvoll, Herr von Stillberg, sondern wie ein galanter Cavalier: was wissen Sie uns über die Albernheit der vorigen Nacht zu erzählen?"

Der junge Mann hatte sich zusammengenommen, oder war er durch die liebenswürdige Weise der hohen Frau wirklich einmal besiegt worden, so daß jetzt auch die von Herminen erwähnte stehende Falte aus seiner Stirn verschwand? Ja, in seinen Augen war sogar etwas wie ein leichtes Lächeln, als er vor der Fürstin stehend, jetzt erwiderte: „Königliche Hoheit, vor allem muß ich Ihre Verzeihung erflehen, daß ich es wagte, Ihren Namen mit dem Fall in Verbindung zu bringen."

Die Augen der Herzogin blitzten ihn beinah schalthaft an. „Mich? In der That, das ist stark, Herr Adjutant! — Da Kleine, kommen Sie her, hier ist noch ein Platz für Sie. Wir wollen Gericht halten und sehen, ob wir Gnade gewähren können. Der Verbrecher muß freilich noch stehen bleiben. Also, mein Herr — meinen Namen?"

„Ich habe mir erlaubt, dem Präsidenten Reigenbach mitzutheilen, wie es der Wille Eurer Königlichen Hoheit, daß der Fall selbst in den Hofkreisen so viel wie möglich unbekannt bleibe und daß nicht darüber gerebet werden solle. Habe ich darum Strafe verdient —"

„Grausamer Major! Bedauernswerther Präsident!" lachte die Herzogin ganz heiter. „Um Gotteswillen, Stillberg, wie können Sie einem Menschen, und grade diesem, solche Qual auferlegen! — Aber nehmen Sie einen Stuhl, Major — für's Erste absolvire ich Sie! — und erzählen Sie hübsch ordentlich, damit ich endlich begreife, was es eigentlich gegeben."

Der junge Offizier folgte der Weisung und erzählte dann kurz und präcise den den Lesern bekannten Verlauf des Ereignisses. „Das ist es, König-

liche Hoheit," schloß er mit einer Verbeugung, „und
wenn ich wagen darf, eine Ansicht zu hegen, so würde
es die sein, daß ich den Namen Eurer Hoheit nicht
mißbraucht habe und daß Sie mein allerdings vor-
witziges Eingreifen sanctioniren dürfen."

„Um Gotteswillen!" rief Hermine lebhaft aus;
„und das ist hier geschehen — in unserer Nähe? —
Aber Resi hat mir doch nichts —"

Die Herzogin hatte im Laufe des Berichts den
Blick gesenkt, und ihre Züge hatten den Ausdruck
eines nicht frohen Nachdenkens angenommen, wie auch
die leise zusammen gezogenen Brauen andeuteten.
Jetzt sah sie auf. „Es ist ganz gut, wenn die
Jungfer nichts davon erfährt," unterbrach sie Hermine; „ich fange an einzusehen, daß Sie recht thaten,
Stillberg, und ich autorisire Sie, jedermann auf mein
ausdrückliches Verbot hinzuweisen. Ganz von dem
abgesehen, was Ihnen persönlich unangenehm bei
diesem Wege der Erscheinung sein muß — ich weiß
es, der Herzog ist nicht frei in dergleichen, und lei=
dend, wie er obendrein ist — genug," brach sie ab,
„es bleibt bei dem Verbot. Ich werde es Therese
aussprechen und auch die alte Hoheit darauf aufmerk=
sam machen. Nun aber —" und ihre Augen streif=

ten ihn wieder lächelnd, — „es ist wirklich ein seltsamer Fall — zumal grade gestern, wo jede Erklärung, wie man sonst bei ähnlichen Gelegenheiten auf sie selber zuerst kommt, unstatthaft scheint. Was denken Sie davon, Stillberg?"

„Da ich nichts gesehen habe, Hoheit, habe ich auch kein bestimmtes Urtheil," versetzte Eugen kopfschüttelnd. „Eine reine Sinnentäuschung war es nicht, drei von den vier Zuschauern sind durchaus zurechnungsfähige Leute. An einen Spuk glaube ich nicht, Hoheit —"

„Sie verwerfen dergleichen unbedingt, Major?" fragte die Fürstin nachdenklich.

„Unbedingt, Hoheit, ja, bis man mich meines Irrthums durch den Augenschein überführt. Sinnentäuschung oder irgend ein Betrug, eine Maskerade, wie Königliche Hoheit sie selber andeuteten, werden fast immer —"

Die Fürstin schüttelte den Kopf. „Und doch kenne ich Fälle — ähnlich dem unsrigen —, wo alles, was Sie anführen, ausgeschlossen blieb. Und hier — zeigen Sie mir auch nur die Möglichkeit einer Erklärung unter diesen Umständen!"

Eugen sah eine Weile nachdenklich vor sich nie-

der, bis er, die Augen erhebend, in zögerndem Tone
versetzte: „Hoheit, ich war nicht dabei, allein ich werde
es hoffentlich einmal sein. Einstweilen muß ich dennoch
auf Ihre Erklärung zurückkommen — wer kennt alle
Menschen und ihre Einfälle in einem so großen
Hause? — oder das Ganze für einen schlechten Witz
halten, obschon ich kaum weiß, zu welchem Zweck.
Was mich inkommodirt, ist dies Verschwinden unten,
dies Erscheinen oben, ohne sichtbare Verbindung. In
meiner Wohnung liebe ich weder Verstecke noch Geheimnisse, sie können nur zu leicht mehr als unangenehm werden." Sein Auge streifte, nur der Fürstin
bemerkbar, über Hermine hin..

Die hohe Frau zuckte die Achseln. „Oder auch
beglückend," meinte sie mit lachendem Blick und im
sarkastischen Ton. „Man kennt das ja! — Wenn
ich nur wüßte," fügte sie dann, sich erhebend, heiter,
fast schalkhaft hinzu, „wie unser Herr Major von
Stilberg in seinen Jahren und in seiner Stellung
zu einer so strengen und düsteren Lebensanschauung
gekommen ist, die überall nicht die guten oder gleichgültigen, sondern nur die schlimmen Seiten der Dinge
zu erkennen verlangt! So böse Erfahrungen gemacht,
Major? Sie sollten das nicht leiden, Kind;" wandte

sie sich an Hermine, in gleich heitrem Tone; „lassen
Sie ihn an Ihrer Heiterkeit und Ihrem Frohsinn
ein Exempel nehmen. Es ist eine Thorheit oder
Sünde, sich immer nur im Schatten des Daseins zu
halten, wenn die sonnigen Fluren ringsum so ein-
ladend winken!"

„Hört er denn auf mich, Königliche Hoheit?"
versetzte das junge Mädchen mit einer Art scherzen=
den Bedauerns. „Ich habe ihm noch vorhin, bevor
Sie uns überraschten, die schönste Rede über seine
gestrige Grabesstimmung gehalten, und was ant=
wortete er mir? Ob ich die Trauer abgelegt habe!"

Die Fürstin lachte herzlich, und auch in Eugens
Zügen zeigte sich wenigstens der Anflug eines Lächelns,
wie es die Worte und die neckische Weise der
Schwester erklärlich machten. Allein eine schärfere
Beobachtung, als die beiden Damen ihm in diesem
Augenblick gönnten, hätte ohne Mühe zu erkennen
vermocht, daß es nicht von Herzen kam. Der Offizier
war durch die unerwartete Wendung, die das Ge=
spräch im Munde der Fürstin erhalten hatte, so über=
rascht, ja ergriffen worden, daß er der ernstlichsten
Anstrengungen bedurfte, diesen Eindruck nicht auch
äußerlich kund werden zu lassen. Er erreichte dies,

ja er brachte es sogar, wie wir sahen, zu einem Lächeln, aber zu einer Antwort, sei es im gleichen, sei es im ernsteren Ton, reichte seine Fassung noch nicht aus.

In der Stellung, die er am Hofe und in der nächsten Nähe der höchsten Personen einnahm, hatte er freilich bemerken müssen, daß die Herzogin, um den Ausdruck seiner Schwester zu gebrauchen, den Fürstenmantel von Zeit zu Zeit und neuerdings immer häufiger gern einmal ablegte und sich gleich anderen Menschenkindern zu unterhalten und vergnügen liebte, — leichter in Form und Wesen, immer liebenswürdig, graziös und taktvoll, aber mehr als vornehme, anmuthige und schöne Frau und nicht als Herrin des Landes und ihrer Umgebung. So war sie gestern erschienen, heiter und lebensfroh, so zeigte sie sich heut, äußerlich so gut wie innerlich, häuslich und freundschaftlich, ohne im Grunde durch einen einzigen Zug an die hohe Stellung, oder an die Würde und den Stolz zu erinnern, mit denen sie dieselbe gelegentlich zu vertreten verstand. Allein trotz alledem waren jene Worte: „Oder auch beglückend — man kennt das ja!" das letzte gewesen, was Eugen aus diesem Munde jemals hören zu müssen geglaubt hatte, und die Frage nach seinem Wesen, die sich daran geschlossen, überraschte ihn kaum minder.

Es war ihm fast wie eine Art von Trost, daß Hermine das Auffällige gar nicht bemerkt zu haben schien und in ihrer neckenden Erwiderung die Fürstin und ihn über die bedenkliche Situation fortgeführt hatte. Und es erfreute ihn beinah, als er sich nun die eigene Antwort gänzlich erspart und das Thema völlig beendet sah.

Die Fürstin hatte ihre Lorgnette an's Auge gehoben und schaute in den Park hinab, wo in der großen Allee eine Equipage dahinrollte, deren ganzes Ensemble schon die Aufmerksamkeit der Zuschauer in Anspruch nehmen durfte. Es saßen zwei Damen und ein paar Kinder darin.

„Ihre Cousine, glaube ich?" fragte die Herzogin leichthin die neben ihr stehende Hermine, ohne das Glas vom Auge zu nehmen.

„Ja, Hoheit, Leonie mit den Kindern und ihrer Gesellschafterin."

„Das ist ein guter Einfall von der Gräfin," sagte die Fürstin zurücktretend; „eine Fahrt durch den Park an diesem wunderbaren Morgen muß herrlich erfrischend sein. Machen Sie sich bereit, liebes

Kind, es lockt mich hinaus." Und lächelnd fügte sie hinzu: „Donna Therese wird freilich schmälen über die hinausgeschobene Toilette, allein es ist heut einmal der Tag der Etikettensünden, vom Morgen bis zum Abend. Ich hab's sogar Ihrer Cousine versprochen, heut Abend, eine Stunde bei ihr zu erscheinen — Hellenbergs reisen übermorgen, sagte sie mir. Schmälen Sie auch, Hermine, wenn Sie mich begleiten sollen?"

„Königliche Hoheit befehlen —" erwiderte das Mädchen gesenkten Blicks und mit tiefer Verneigung.

Die Fürstin verkannte diese Zeichen des Widerstrebens nicht. „Kleine, Kleine," sprach sie scherzhaft mit dem Finger drohend, „Heuchelei gegen mich?" Und im gütigsten Tone setzte sie hinzu: „sprechen Sie's offen aus, mein Kind, wenn Sie etwas Anderes vorhatten. Wir am Hofe haben alle unter dem Zwang unserer Stellung zu leben, und ich liebe ihn selbst zu wenig, um ihn, wo es sich vermeiden läßt, für andere zu verschärfen, — am wenigsten für Sie, liebes Kind. Also?"

„Eugen und ich hatten einen Besuch bei alten Freunden in der Stadt vor," entgegnete Hermine mit schüchternem Ton und gerötheten Wangen. „Aber —"

„Nichts aber, Kleine," unterbrach die Fürstin sie heiter. „Machen Sie diesen Besuch und erheitern sich selbst und Ihre Freunde. Das gilt auch für Sie, Herr Adjutant," wandte sie sich an den schweigend dastehenden Eugen, und ihr Auge überflog wieder mit einem jener wunderbaren, halb schalkhaften, halb wohlwollenden Blicke die ernste Erscheinung des jungen Mannes. „Erheitern Sie sich, zeigen Sie uns und Anderen, daß Sie gern in der Stellung, die Sie uns so nahe hält. Wir wünschen, daß Sie sich wohl fühlen, Major. Wir Beide haben Sie gern, und ich — ich bin Ihnen noch besonders dankbar für die Rücksicht, die Sie auch jetzt wieder für den Herzog bewiesen."

Sie bot ihm die Hand. Da er die schlanken Finger an die Lippen führte, fühlte er einen leichten Druck gegen die seinen. —

„Nun Großkreuz aller Orden — wie steht dir dieser Stern?" brach Hermine aus, da die Fürstin sich entfernt hatte. Sie strahlte vor Lust und Schelmerei und neigte ihre Augen gegen des Bruders Brust, als sähe sie dort ein wirkliches Gnadenzeichen.

Und wieder aufschauend und die Hände zusammen schlagend, rief sie ebenso lustig: „prachtvoll! O du Beglücktester der Sterblichen!"

Er nickte mit zerstreutem Lächeln. „Stern oder Kreuz, ich trage sie mit Ergebung. Aber — du wirst noch Vorbereitungen nöthig haben zu eurer Fahrt und ich gehe. Du willst also zu den Alten?"

„Muß ich nicht?" versetzte sie, leicht die Achseln zuckend.

„Laß uns aber nicht so früh gehen, — komm lieber selbst etwas eher zu mir, daß wir in der Freistunde auch etwas von einander haben. Wir sprechen uns so selten, Eugen, und diese Gespenstergeschichte mußt du mir noch einmal erzählen."

Als Eugen Abends wirklich früher bei der Schwester eintrat, war sie es, die ihn noch eine gute Weile einsam warten ließ, da die Tafel, an welcher er heute nicht Theil genommen, sich länger ausgedehnt hatte als gewöhnlich und der Cirkel der Fürstin auch nach derselben sich nicht sogleich aufgelöst hatte. Während der Ausfahrt der Herzogin war Mittags Graf Baler in Löwenberg eingetroffen — wir erfuhren schon durch Erhard, daß diese Ankunft bevorstand — und hatte bei seinen hohen Verwandten äußerlich wenigstens eine gnädige Aufnahme gefunden.

„Nun, du Saumselige?" sagte Eugen, da sie endlich bei ihm eintrat, neckend — der junge Mann zeigte jetzt wirklich eine heitere und, was noch besser, auch behagliche Miene — „heißest du das von unseren Freistunden profitiren, wenn du mich so lange warten lässest? Jetzt heißt's aufbrechen!"

„O nicht doch, nicht doch!" bat sie; „wir sind ja in zehn Minuten bei Morders und ich muß noch eine kleine Pause haben — der Tag war unruhiger, als wir gedacht. Und wenn ich dich warten ließ — die Fürstin hat uns erst vor einer halben Stunde entlassen. Du bist ein glücklicher Mensch, daß du dich nach Belieben dispensiren kannst."

Sein Auge ruhte mit Liebe auf ihrer anmuthigen Erscheinung, die ihn in dem schlichten Kleide an die Kleine erinnerte, welche vordem so heiter, anspruchslos und wirthschaftlich in der stillen Häuslichkeit des Vaters gewaltet. „Erlaucht scheinen keine besondere Gnade vor dero Augen gefunden zu haben," bemerkte er launig.

Die feinen Brauen zogen sich leicht zusammen — sie sah überhaupt nicht so heiter und frisch aus, wie am Morgen, sondern als wäre sie ein wenig abgespannt oder auch voll jener Kälte, welche dieser und der neuerdings an ihr beobachten und tadeln zu müssen glaubte. Sie hatte sich auch ungewöhnlich bequem auf dem nächsten Stuhl zurückgelehnt und ließ eine bemerkbare Pause vergehen, bis sie — war es mehr gleichgültig oder zerstreut? — erwiderte: „er war mir nicht neu."

„Wie so?" fragte Eugen verwundert. „Wann und wo sahst du ihn? Er war, so viel ich weiß, seit manchen Jahren nicht hier."

„Ich sah ihn im Winter einen Abend bei der Cousine, sie nannte mir ihn damals als einen Verwandten," sagte Hermine leichthin.

Ueber des Bruders Gesicht flog ein Schatten. „Irrst du dich nicht, Kind?" fragte er lebhaft. „Man redete im Winter von einem Incognito = Aufenthalt! Und bei Leonie?"

„Ich irre mich gewiß nicht," versetzte sie jetzt auffallend kalt. „Was man auch sonst von ihm sagen oder denken mag, — seine Erscheinung ist von der Art, daß man sie nicht vergißt, noch verwechselt. Kennst du ihn? Ein ungewöhnlich schöner Mann, von vollendeter Haltung."

„So?" Der Ton, in dem das Wörtchen erklang, ließ es völlig unentschieden, ob es eine Antwort auf Herminens Rede sein sollte oder eben nur so hingesprochen war, ohne irgend eine Bedeutung. Eugen hatte den Fenstersitz verlassen und ging ein paarmal auf und ab. „Er ist also auch wohl bei Hellenbergs," sagte er endlich, neben ihr stehen bleibend, mit leichtem Lächeln. „Da bedauerst du am Ende, dich frei gemacht zu haben?"

„Nein. — Nun laß uns aber gehen," sprach sie kurz, indem sie sich erhob.

„Noch einen Augenblick — wir sind ja in zehn Minuten da, sagst du selbst," entgegnete er. „Ich fand heut Morgen nicht Zeit eine Frage auszusprechen, die sich mir aufdrängte: du entschiedest dich auf der Hoheit Vorschlag so plötzlich für die Alten, daß es fast schien, als wolltest du nicht zu Hellenbergs?" —

„Das wollte ich auch nicht."

„Und weßhalb? Hast du etwas mit der Cousine gehabt?"

„Nein." Sie machte es wie er vorhin und ging auf und ab. Und als sie wieder vor ihm stehen blieb, war das Gesichtchen fast finster geworden und sie sprach auch in einem beinah harten Tone: „du ver-

kehrst dort so wenig, daß du mich kaum verstehen
wirst, wenn ich sage: es gefällt mir dort manches
nicht mehr, ich fühle mich gewissermaßen deplacirt.
Worin das besteht, weiß ich selber kaum. Ist es,
weil Leonie so anders geworden? Ist es, weil dieser
kindische Mensch, der St. Laurent dort seine Pagen-
streiche ohne irgend eine Einwendung treiben darf?
Ist es der Ton, das Wesen, die Unterhaltung —
ich sage, ich weiß es nicht!" Und nach einer Pause
fügte sie ruhiger hinzu: „du wirst mich am besten
verstehen, wenn ich ausspreche, daß man oft glauben
möchte, nicht bei Leonie, sondern bei Blanche Hellenberg zu sein, wie man die in ihren — ihren Privat-
stunden finden mag. Euch Herren soll das gefallen —
mich deplacirt es. Und wenn ich wahr sein soll, muß
ich gestehen, daß ich Hellenbergs gern abreisen sehe, nicht
bloß um meinetwillen, sondern auch und zwar noch
mehr — du verstehst mich wohl, Eugen." — Sie setzte,
sich abwendend, vor dem Spiegel das Hütchen auf.

Er hatte ihr sichtbar mit nicht geringem Erstaunen und der ernstesten Aufmerksamkeit zugehört und
wurde von dem Vernommenen so beschäftigt, daß er
erst, als sie schon beinah fertig war, zu der Antwort
kam: „das sind in der That seltsame Beobachtungen

und Bekenntnisse, die ich am wenigsten von dir erwartet hätte."

„Schlimm genug, daß ich solche Erfahrungen machen mußte," versetzte sie; „darum weiche ich ihnen fortan auch nach Kräften aus. Weil wir aber doch einmal bei diesem Kapitel sind und nicht so leicht auf dasselbe zurückkommen dürften," fuhr sie fort, indem sie das Schirmchen nahm und dem Bruder ihren Shawl gab, „so will ich noch eine anführen, die dich vielleicht mehr interessiren oder überraschen wird. Ich fange an zu glauben, daß man Blanche Hellenberg bisher wirklich zu streng beurtheilt hat. Ich glaube, sie spricht und gibt sich freier, als sie ist, als sie der Sage nach lebt. Es ist zu viel Nerv, zu viel Character in ihr, zu viel Geschmack meinetwegen, um sich gehen zu lassen, wie man sagt. Irr' ich mich, Eugen?"

Er erwiderte fest und klar ihren forschenden Blick. „Du wendest dich an eine falsche Adresse," sagte er beinah hart. „Du triffst nachher, auch der Sage nach, vielleicht mit der richtigen zusammen."

„Du meinst also Erhard Morder," sprach sie in einem fast ein wenig wegwerfenden Tone. „Glaubst du im Ernst, daß Blanche, auch wenn alles wahr, was man von ihr redet, so — genügsam sein könnte, Eugen?"

„Genügsam?" wiederholte er kopfschüttelnd. „Das möchte denn doch der Ausdruck sein, der am allerwenigsten zuträfe. Aber komm, komm! Jedenfalls ist dies Thema ebenso wenig für dich geeignet, wie alle jene Erfahrungen es sind. Es deplacirt dich," schloß er lächelnd.

Vierundzwanzigstes Capitel.

Der Drache läßt von seiner Schatztruhe. Ist nur Katzengold drinnen?

Die ruhige Freundlichkeit und treue Herzlichkeit, mit der die beiden jungen Menschen sich bei den alten Freunden in der Marienstraße aufgenommen fanden, war am besten geeignet, beide der bedenklichen An= klänge, die in ihrer letzten Unterhaltung laut geworden, vergessen und sich des Friedens in der trauten Häus= lichkeit erfreuen zu lassen. Eugen gab sich gar keine Mühe zu verhehlen, daß er sich hier wirklich wohl fühle und mit Behagen sich ausruhe; er wurde in seiner Weise heiter, ja scherzhaft, und ließ sich sogar herbei, gelegentlich dieses oder jenes lustigen Vorfalls, irgend eines komischen Zuges zu gedenken, die ihm in seinem Wirkungskreise begegnet waren, mit schick= lichem Respect, aber auch mit sicherer Freiheit selbst

das Fürstenpaar herbeiziehend, wenn das Gespräch auf
dasselbe führte.

Er durfte das in diesem Kreise — einstweilen
waren es nur die beiden Alten und der Sanitätsrath,
der stehende Abendgast — unbekümmert wagen, da
derselbe einerseits eine zwar ganz besondere, nach dem
in den Hofkreisen gangbaren Ausdruck, beinah feind=
selige, in Wirklichkeit aber doch nur unabhängige und
würdige Stellung einnahm, und andererseits, wenn
ihm um dergleichen zu thun war, von allem was bei
Hofe geschah, von den Persönlichkeiten und ihrem
Thun und Lassen schier ebenso gut unterrichtet war,
wie Eugen selber.

Die Ungnade, welche die Familie im Winter ge=
troffen hatte, war, die Entlassung des Sanitätsraths
abgerechnet, überhaupt bei Worten, oder vielmehr nur
bei einigen raschen, verdrießlichen Aeußerungen stehen
geblieben und überdies niemals von bemerkbaren
Folgen gewesen. Man mochte sich bei Hofe doch
wohl an jenes Wort des Commerzienraths erinnern,
das er vordem zu dem alten Wilhelmus Tertius ge=
sprochen: „was können Hoheit mir denn eigentlich
thun, wenn ich nach Recht und Gesetz lebe?" — und
das er noch jetzt ganz der Mann war zu wiederholen,

wenn man ihm dazu Veranlassung gab. Es war daher auch nichts weiter gegen ihn versucht worden.

Ja, wie die Leser erfuhren, hatten die ungnädigen Aeußerungen nicht einmal die erste und natürlichste Wirkung gehabt, Freunde und Bekannte des Hauses aus demselben zu verscheuchen oder den Umgang beschränken zu lassen. Selbst die Kammerfrau der Herzogin, unsere Bekannte, Therese Herzog, hatte sich nicht veranlaßt gefunden, von ihren Visiten bei Frau Elisabeth abzustehen, und die Geschwister Stilberg hatten auch nach ihrer Anstellung bei den höchsten Personen niemals wahrzunehmen gehabt, daß man ihre Besuche in der Marienstraße nicht gern sehe. In der letzten Zeit hatte sogar wieder eine officielle Annäherung statt gefunden. Man brauchte bei Hofe und in der Verwaltung viel Geld und zwar zu Zeiten, wo die Kassen nicht immer Vorräthe hatten. Der Credit des Hauses Morber war daher ebenso in Anspruch genommen worden, wie es auch unter der vorigen Regierung gelegentlich geschehen war, und zwar so unbefangen, als ob nie eine Differenz zwischen den verhandelnden Mächten statt gefunden hätte. Das Handelshaus hatte dieselbe gleichfalls nicht in Erinnerung gebracht, nur hatte es, meinten Argwöhnische, andere und überhaupt mehr Bedingungen gestellt als früher. Aber von Gewicht war das nicht.

Trotz alledem wußte man nicht nur in der Stadt, sondern auch am Hofe, daß die Mörder keine Anhänger des neuen Regiments waren und auch manches, was das Hofleben allein, ja was das Fürstenpaar selbst an- und von ihm ausging, keineswegs billigten. Von Erhard war bei dem allem keine Rede, obgleich manche ihn, wie wir wissen, mit nichts weniger als gleichgültigen Augen beobachteten; die Alten aber, zu denen man allgemach auch schon den Sohn Eberhard zählte, waren bekannt als einfache, fromme und ehrenfeste Leute, keinem vernünftigen, frohen Lebensgenuß abgeneigt, human und nachsichtig im besten Sinn, allein auch unerbittlich streng gegen alles, was nach Ostentation schmeckte und von den durch Natur, Vernunft und Sitte geheiligten Bahnen abwich. Daher mußte das Leben und Treiben des Herzogs, wie es je länger, desto deutlicher zu Tage trat, sie wohl ernstlich betrüben und erschrecken: die finstere Askese, in der er sich meistens gefiel; die Soldatenspielerei, die dem Ländchen ganz unnöthige, schwere Lasten auferlegte; der bald verschleppte, bald überhastete Geschäftsgang; die Launenhaftigkeit, die Willkür, die despotische Rücksichtslosigkeit, die krankhafte Inconsequenz mit einem Wort, die überall sich bemerklich machte. Man wußte im Publikum, daß man sogar am Hofe darüber die Köpfe schüttelte, und selbst dem loyalsten Unterthanen mußte sich die sorgenvolle Frage aufdrängen, ob und wie lange das so fortgehen könne.

Und nicht viel mehr Billigung konnte vor den alten schlichten Leuten das finden, was von der Herzogin ausging, was man von ihr sah und hörte: ihre stets entschiedenere Herrschaft über den Gemahl und den Staat, ihr häufiges Eingreifen in alle Zweige der Verwaltung, in alle Geschäfte, obgleich es nicht zu leugnen war, daß dasselbe nicht selten zum Guten führte; ein wunderliches, aber oft auch folgenschweres Schwanken zwischen einer gleichfalls beinah finsteren Lebensanschauung und jäh hervorbrechender, ungezügelter Vergnügungslust im Verein mit einem Luxus, für welchen voraussichtlich weder das Privatvermögen des Fürstenpaars, noch die Civilliste auf die Dauer ausreichen konnten. Von jener Sittenstrenge, die zu Anfang des neuen Regiments am Herzog so gut wie an der Herzogin so scharf hervorgetreten war, so viele verdrossen und verletzt hatte, ließ sich freilich wenig mehr bemerken. Sie sah nicht oder wollte nicht sehen, daß man um sie her mit einer Sorglosigkeit und zum Theil mit einem Raffinement lebte, die für das kleine Land in dieser Offenheit gleichfalls sehr neu waren. Wenn jetzt jene Frau von Relgenbach versucht hätte, Zutritt bei Hofe zu erlangen, — wäre er ihr verweigert worden? fragten sich manche. An die Fürstin selbst freilich, müssen wir hinzufügen, hatte sich die Verläumbung niemals herangewagt. Selbst die Unzufriedensten sahen sie in makelloser Reinheit und Würde. Und es war viel Unzufriedenheit, viel Verstimmung und Mißbilligung im Lande. Und am Hofe wußte man davon.

Es war daher wohl möglich, daß man grade unter diesen Umständen die Morder lieber schonen wollte und eine gewisse Verbindung zwischen ihnen und Angehörigen des Hofes begünstigte. Man wußte wohl, daß sie streng urtheilten, aber man konnte sich zu ihnen auch stets einer vernünftigen, billigen Auffassung versehen, die in weiteren Kreisen nachwirkte, als die Alten vermuthlich selber ahnten, geschweige denn beabsichtigten. Das Morder'sche Haus besaß, wie wir schon andeuteten, einen Einfluß, den man um so weniger übersehen konnte, als man seine Gren=

zen nicht kannte, und so lange sie sich nicht offen zur
Opposition schlugen, besaß man stets noch eine Art
von Halt im Publikum und sah die Möglichkeit vor
sich, das Treiben der Anderen einstweilen zu ignoriren.
Denn so weit war man schon zurückgedrängt. In
ein paar Fällen, wo man sich gegen gar zu ungenirte
Aeußerungen der Unzufriedenheit gewandt, hatte man
nichts weniger als ermuthigende Erfahrungen gemacht
und war auf eine Art des Widerstandes gestoßen, die
diese Leute bestürzen mußte, welche sich bisher unan=
greifbar in der Höhe gewähnt. Und es gab Anzeichen,
daß man selbst in den höchsten Kreisen seitdem nach=
denklich geworden war und seine Stellung nicht mehr
für unnahbar zu halten begann.

Besser aber als die Geschwister Stillberg eignete
sich zum Aufrechterhalten der gedachten Verbindung
mit den Morbers am Hofe niemand. Von Eugen
sah und wußte man freilich, daß er sich in seiner
Stellung nicht glücklich fühlte, allein seine Ehrenhaf=
tigkeit und Treue verscheuchten jeden Zweifel, daß er
nicht bis aufs äußerste auf dem ihm anvertrauten
Posten aushalten und das Fürstenpaar überall mit
Entschiedenheit vertreten würde, so lange es ihm, eben
als Mann von Ehre möglich war. Hermine aber

hatte sich mit aller Lebens- und Liebeskraft der Fürstin ergeben, die freilich das Mädchen mit unwandelbarer Güte und Herzlichkeit an sich gefesselt hielt. Und Beide — und das war sicherlich ein Hauptfactor in dieser Rechnung, — wurden von den alten Leuten in der Marienstraße zu ernstlich und zu einfach und rücksichtslos geliebt, als daß nicht ihre Anhänglichkeit, ihr Urtheil über das Fürstenpaar einen Eindruck auf dieselben hätte machen sollen.

Solcher Erwartung, wenn sie wirklich gehegt wurde, entsprach Hermine denn auch am heutigen Abend im vollsten Maße; obgleich von keinem Angriff auf ihre geliebte Herrin die Rede war, fand sich dennoch Gelegenheit genug für sie, ihre tiefe Neigung zu derselben, ihre fast ein wenig schwärmerische Bewunderung und Verehrung kund zu geben. Und da sie dies mit Wohlwollen aufgenommen fand, ward auch sie bald vertraulich und heiter und bewies so zu sagen durch die That die Haltlosigkeit jener Behauptung, daß sich bei jedem Besuch im Morder'schen Hause weniger Berührungspunkte fänden. Sie verlor immer mehr die kühle Haltung, die sie zu Anfang noch ein wenig beherrscht hatte, und wurde anmuthig lebhaft, scherzend mit dem Sanitätsrath und sich neckend

mit dem gleichfalls erscheinenden Eberhard — ein
wunderbar Schauspiel selbst für diesen kleinen Kreis.
Erst, da kurz vor dem Abendessen sich auch Erhard
einstellte, wurde sie wieder stiller und gemessener, und
zwar um so mehr, je unbefangener und unbekümmer-
ter der „Windbeutel" seine Freude über die Anwesenheit der Geschwister kund gab.

Die Angehörigen und selbst Eugen schienen dies
mit Theilnahme, — Frau Elisabeth sichtbar mit
schmerzlicher Bewegung — zu beobachten. Es war
fast, als sollten die beiden Menschenkinder niemals
ein behagliches oder auch nur erträgliches Verhältniß
zu einander wiederfinden. Und doch nahm Eugen
wenigstens nicht ohne eine Art von Schadenfreude
wahr, daß die Schwester den Freund mit einer gewissen scheuen Aufmerksamkeit — sagen wir: um-
spürte, die ihm nach dem, was sie vorhin besprochen,
freilich ziemlich verständlich sein mußte.

Als sie eben zu Tisch gehen wollten, wurde vom
Flur, zu dem in dieser Jahreszeit die Thür nach
alter Sitte beinah stets geöffnet blieb, eine laute
Stimme, die mit der Magd verhandelte, vernehmbar.

„Hoho!" sagte der Sanitätsrath, „ich dachte, sie
wollte heut Abend unsere Lungen in Frieden lassen?"

„Ei mein Gott!" rief Hermine zugleich, „ist Tante Lucretia denn hier?"

„Ja freilich, seit Mittag," versetzte der Commerzienrath lächelnd, „aber alsbald in großem Zorn davon gegangen, um uns zu beweisen, daß andere Leute sie ganz anders honorirten als wir, ihre leiblichen Geschwister! Bin noch nicht dazu gekommen, euch von ihr zu sagen, Kinder. Wir dachten wirklich, sie würde uns heut Abend recht gründlich bestrafen und lange ausbleiben. Nun muß es mit der „Harmonirung" doch wohl nicht so weit her gewesen sein," fügte der Alte launig hinzu.

„O Großpapa, so spöttisch!" sagte Hermine munter, indem sie gegen den Greis ihren Finger wie mahnend erhob. „Tante Lucretia —"

„Ist eine wunderliche, aber brave Frau und unsre gute alte Schwester," unterbrach er sie im vorigen Tone. „Allein, daß man mit ihr besser allein als in Gesellschaft ist, das — ist nun einmal nicht anders. Doch nun hilft's nicht, kommt nur zu Tisch. Sie wird dann schneller mit ihren Complimenten fertig."

Indem rauschte die Dame im lichtesten Sommergewande auch schon herein. „Verdienen thut ihr es nicht," rief sie den Ihren entgegen und brach, als sie die Fremden erblickte, plötzlich ab, um auf Beide zufahrend, Herminens Hände zu ergreifen und zugleich zu dieser und Eugen in Ihrem uns noch erinnerlichen zarten Ton weiter zu reden: „meine theure Baroneſſe — mein verehrter Herr Baron! Ach wie mich dies beglückt, diese Freundlichkeit gegen uns alte ſchlichte Leute! Bei all der Auszeichnung — ach, diese Treue entzückt mich! — O lieber Herrgott, und Ihr großer Verlust, um den ich Ihnen noch gar nicht kondolirt, meine liebste Baroneſſe —"

„Tante Lucretia, machen Sie doch nicht so viel Umſtände," rief Hermine, mit einem herzhaften Kuß die ſprudelnde Rede unterbrechend. „Bin ich denn —"

„Ja freilich, freilich, mein Engelskind, ein unerſetzlicher Verlust! Wenn er nicht grade in ſeiner grimmigen Laune war, ein Cavalier —"

„Zu Tiſch, Alte!" ſchrie ihr der Sanitätsrath in die Ohren. „Der Teufel halte deine Rede stehend aus! Lang wie ein Bandwurm, und der Kopf kommt nie zu Platz!"

„So, du auch da, Bruder Ludwig?" sagte ſie verdrießlich. „Brauchſt übrigens gar nicht ſo zu ſchreien. Ich höre ganz gut."

„Merk's, merk's, altes Mädchen!" meinte er launig, ihren Arm unter den seinen ziehend. „Aber komm nur!"

Sie machte sich hastig los. „Ich verbitte mir solche Ungezogenheiten, Bruder Ludwig!" rief sie mit zornigem Blick und rauschte den lächelnden Anderen voran ins Eßzimmer hinein, von neuem erzürnt, als sie das Mädchen hier noch mit der Aufstellung ihres Couverts beschäftigt fand. Sie saß fortan in grimmigem Schweigen auf ihrem Platz.

Die Leser haben den gleichen Grimm der würdigen Dame auch früher schon durch ähnliche Andeutungen hervorrufen hören, ohne daß sie, so viel wir uns erinnern, bisher eine genügende Erklärung von uns erhielten. Da nun die Gesellschaft vorerst durch die guten Dinge, welche Frau Elisabeth auf ihren Tisch gebracht hatte, von jeder uns interessirenden Unterhaltung abgezogen wurde, dürfen wir dies Versäumniß nachholen.

Demoiselle Lucretia Morber — auf den Titel Fräulein machte man dazumal in ihrem Stande noch keinen Anspruch — hatte sich, ohne daß wir hier ihrer Gründe oder der Ursachen zu gedenken hätten, lange Zeit nicht zur Eingehung eines Ehebündnisses

entschließen können und war, als der Doctor Hahlle
ihren Widerstand endlich zu besiegen verstanden hatte,
bereits in das Alter gelangt, wo andere heiraths-
lustigere Damen schon den Vers anstimmen sollen:
„Es ist wahrhaftig an der Zeit!" — Je störriger sie
bis dahin gewesen, desto williger und sehnsüchtiger
wurde Demoiselle Lucretia, nachdem sie sich einmal
zum Jawort verstanden, und als der Bräutigam kurz
vor dem festgesetzten Termine der Hochzeit erkrankte
und immer kränker und kränker wurde, entschloß sie
sich zu einer beschleunigten Trauung um so eher, als
dieselbe auch der Wunsch des Patienten war.

Der Bräutigam konnte sein Lager nicht verlassen
und war so angegriffen, daß er sein „Ja" bei der
Ceremonie kaum hervor zu lispeln vermochte — mehrere von den Anwesenden hatten es gar nicht gehört.
Und statt der erhofften günstigen Wendung trat die
allerübelste ein: der Kranke verfiel noch am Hochzeits-
tage in Bewußtlosigkeit und hatte am nächsten Morgen seine junge Frau zur Wittwe gemacht — ein
Loos, das zu ernst und traurig war, als daß man
versucht haben sollte, an dasselbe einen Scherz oder
eine Neckerei zu knüpfen, hätte „Frau" Lucretia auf
diesen Titel nicht von Anfang an einen so unermeß-

lichen Werth gelegt, daß davor von dem bischen Trauer, das sie zu zeigen beliebte, noch weniger sichtbar wurde. Von dem alten Commerzienrath und dessen Gattin hatte sie dergleichen, wie die Leser auch wohl glauben werden, selten oder nie zu erfahren; der spottlustige Sanitätsrath aber ließ, wenn er einmal gereizt wurde, es nicht leicht daran fehlen, und selbst der Rittmeister machte, wie wir wissen, wohl einmal davon Gebrauch, wenn er die Dame auf keine andere Weise zum Schweigen zu bringen vermochte. —

Erhard war eines Geschäftes wegen den Tag über in einer kleinen Nachbarstadt gewesen und erst gegen Abend zurückgekehrt. „Ich hörte neulich davon," sagte er nun, als man bei Tische auch wieder ans Plaudern zu denken begann, „daß man den Grafen Baier endlich wieder zu Gnaden aufnehmen wolle. Und vorhin im Kaffeehause erfahre ich nun, daß dies schon ausgeführt und er bereits angekommen. Das ist doch wohl nur Sage?"

„Er ist heut Mittag angekommen," versetzte Eugen mit einer Trockenheit, die den Zuhörern nicht entging.

„Ist angekommen? In der That! Hast du ihn selber gesehen?" rief Erhard, die Gabel niederlegend.

„Beſſer noch, Hermine hat mit ihm zuſammen an der Tafel geſeſſen," erwiderte der Offizier, jetzt lächelnd über den Eifer und das Erſtaunen des Freundes, der in ſeiner Windigkeit ſich ſonſt nicht leicht auf dergleichen ertappen ließ.

Erhard mochte wohl ſelber merken, daß er dem Anderen für dieſe ungewöhnliche Weiſe eine Erklärung ſchulde. „Das iſt ſeltſam," ſagte er kopfſchüttelnd nach einer Pauſe, und muß mich überraſchen, da ich erſt vorgeſtern einen Brief von ſeinem Bruder hatte, der in Berlin mit ihm zuſammengetroffen war und vor ſeiner Weiterreiſe einige Tage mit ihm verleben wollte."

„Woraus alſo nichts geworden iſt," meinte Eugen mit ſeiner früheren Trockenheit. „Im Uebrigen reiſt man jetzt raſch. Das Factum ſteht feſt."

Erhard hatte ſich an ſeinen Stuhl zurückgelehnt. Von der Stirn und aus den Zügen war, vielleicht ihm ſelbſt unbewußt, die ſtete Munterkeit entwichen, wie ein Duft, der vor unſeren Augen eine Landſchaft zuweilen verhüllt und uns ein ganz ander Bild als das rechte von ihr heimtragen läßt. Jetzt zeigten dieſe Züge in ihrer unentſtellten Ruhe eine Reinheit und Schönheit, die ſelbſt den Seinen auffiel und

sogar in Herminen den Gedanken aufsteigen ließ: ist
Erhard Morder denn wirklich ein so schöner Mann?
— und es sprach aus ihnen auch ein so ernstes, ja
beinah sorgenvolles Nachdenken, wie es auch wieder
den Freunden des jungen Mannes etwas sehr Frem-
des an ihm sein mußte. Zu einer Bemerkung, wenn
sie überhaupt eine solche versucht hätten, ließ er ihnen
indessen keine Zeit; im nächsten Moment glitt das
alte behagliche, launige Lächeln wieder aus den dun-
kelen Augen hervor, und sich gegen Hermine wendend,
sagte er in seiner gewohnten Weise: „da erzählen Sie
uns ein bischen, — hat er rechten Effect gemacht?
Es ist ein brillanter Cavalier."

In dem Gesicht, ja in der ganzen Haltung der
jungen Dame prägte sich wieder jene Zurückhaltung
aus, die obendrein von einer gewissen Empfindlichkeit
durchdrungen zu sein schien, und auch in ihrer Stimme
fand sich davon ein Nachklang, als sie erwiderte:
„Sie verkennen meine Stellung, Herr Erhard. Ein
Urtheil, wie Sie es wünschen, setzt Beobachtungen
voraus, zu denen ich weder Gelegenheit noch Veranlassung habe."

„Und Sie verkennen den Zweck meiner bemühigen
Bitte, mein Fräulein!" versetzte er scherzend, ohne

anscheinend das leise Kopfschütteln seiner Großmutter
zu bemerken. „Sie sollten uns nur ein wenig er=
zählen — nichts weiter, — plaudern von einem Men=
schen, der uns alle einigermaßen interessirt, wegen all
der kuriosen Dinge, die man seit langem von ihm
erfuhr, und um der Strenge willen, mit der man ihn
hier sich so lange fern hielt, während man ihn jetzt
so gnädig aufnimmt."

Ihre Brauen zuckten flüchtig, wie vor Ungeduld.
„Das kann ich nicht, Herr Morder. Er war neben
der Herrschaft, sie verkehrte gnädig mit ihm, — ver=
wandtschaftlich. Das versteht sich von selbst, glaube
ich. Und Seine Erlaucht erschienen natürlich ebenso.
Sie nannten ihn selber einen ausgezeichneten Cavalier.
Das ist —"

Die Unterbrechung, welche in diesem Augenblick
statt fand, hatte man vielleicht am wenigsten erwartet.
Lucretia hatte, seit der Angriff des Bruders sie zum
Schweigen gebracht, in schweigender Indignation ver=
harrt und sich dem Geschäft des Essens mit einer
Aufmerksamkeit gewidmet, die jede Beachtung ihrer
Umgebung auszuschließen schien. Ihre Angehörigen,
wenigstens die älteren, wußten freilich aus mehr als
einer seltsamen Erfahrung, daß sich darauf keineswegs

immer zu verlassen war, sondern daß die alte wunderliche Dame gelegentlich zu beobachten und mit dem Beobachteten in einer Weise hervorzutreten verstand, die ihr sehr Ueberraschendes hatte. Man mußte zuweilen auf den Gedanken kommen, daß sie bei weitem besser höre, als es den Anschein hatte, und in Wirklichkeit war ihre Taubheit auch, wie man es bei Leidenden dieser Art ja nicht selten findet, eine durchaus nicht constante. Sie verstand nicht nur von ihren Bekannten selbst verhältnißmäßig leise Worte, sondern konnte auch, zu Zeiten wenigstens, sogar der Rede eines Fremden ziemlich gut folgen, wenn dieselbe nur eine accentuirte war und ohne Unterbrechung von einer anderen Seite fortging. Wer das nicht wußte, konnte bei Gelegenheit durch eine Mitwissenschaft von ihr überrascht werden, die er, wie gesagt, am allerwenigsten bei ihr erwartet hätte.

In diesem Augenblick fand etwas Aehnliches statt. Lucretia sah plötzlich auf und sagte mit einem fast ein wenig schmachtenden Blick zu Eugen: „mein theurer Baron, halten Sie mich nicht für indiscret oder zudringlich, wenn ich Sie mit einer Frage belästige — sie kommt vielmehr aus einem patriotischen Herzen. Ist Ihnen auch etwas von einer Intrigue

— einer abscheulichen Intrigue — in Betreff unserer allerhöchsten Personen bekannt geworden, die —"

„Alte, was fällt dir denn nun wieder ein?" rief der Sanitätsrath ihr über den Tisch zu.

„Bruder Ludwig — kann ich nicht mehr den Mund aufthun, ohne durch deine Ungezogenheiten verletzt zu werden?" versetzte sie mit großer Würde. „Ich rede nicht mit dir. Ich verlange Sprechfreiheit in meinem elterlichen Hause —"

„Narrenfreiheit!" sagte der Sanitätsrath.

„Aber Schwager, Schwager!" mahnte Frau Elisabeth bittend.

Lucretia hatte das schlimme Wort indessen nicht verstanden oder hielt es unter ihrer Würde, dasselbe zu beachten. Sie wandte sich in schönster Haltung von neuem zu Eugen und sprach: „sagen Sie, mein theurer Baron? Ist Ihnen etwas bekannt geworden? Es wäre eine Beruhigung für mich —"

„Aber Tante Lucretia, was meinen Sie?" fragte der junge Mann in gutmüthigem Ton. „Eine Intrigue in Betreff der Herrschaften?"

„Ja wohl, und des Grafen von Löwenberg," sagte sie eifrig.

„Des Grafen Baler?" rief er überrascht, während

zugleich auch der Sanitätsrath aufmerksamer wurde.
"Ich verstehe Sie nicht, Tante!"
"Der da," und sie wies auf Erhard, "sprach ja vorhin von ihm — ich verstand nicht genau, was. Man soll ja aber arbeiten, daß er herkommt. Glauben Sie, daß die Herrschaften nachgeben?"
"Er ist angekommen, Tante! Aber wirklich — ich begreife nicht —"
"Daß sich Gott erbarme! Und die armen Herrschaften ahnen nicht — schändlich! Höchst schändlich! Und Sie wissen auch nichts davon mein theurer —"
"Aber Tante, Sie spannen uns auf die Folter!" rief Hermine dazwischen.
"Für Sie ist das nichts, meine liebe Baronesse, für Sie ist das gar nichts, für Ihren hohen Sinn, Ihr reines Herz! Aber Ihrem Herrn Bruder muß ich's dennoch sagen," redete die Alte und schwankte und zitterte vor Eifer auf ihrem Stuhle hin und her. "Es giebt hier ja wohl eine Partei, die ganz außer sich über das erhabene Beispiel ist, das die allerhöchsten Herrschaften in ihrer Ehe, in ihrem ganzen Leben dem Lande geben, über die Strenge mit der sie die — die Sünde und Ausgelassenheit verdammen und ihnen wehren. Es sollen vornehme Leute sein, aber

es gibt auch unter diesen einige böse. Und die sind's. Die haben sich in den Kopf gesetzt, daß sie mehr Freiheit haben müssen. Sie meinen, es müsse jemand da sein, der die Allerhöchsten auf andere Wege locke, und das wäre die älteste Erlaucht Löwenberg. Es soll ja ein außerordentlich glänzender, lustiger, gewissenloser Herr sein und unwiderstehlich für die Dames. Ich dachte, die Allerhöchsten würden das schon wissen und solche Intriguen niederschlagen. Aber, wenn er schon da ist — wenn man dies schon erreicht hat, wenn — Eugen, mein liebster Eugen, ich beschwöre Sie —"

„Gott meines Lebens, was schwatzest Du da für unergründliche Dummheiten zusammen!" rief der Sanitätsrath barsch dazwischen, der Einzige von allen, der auch der bisherigen Rede schon nur mit steigender Ungeduld gefolgt und selbst nicht durch die letzten Worte, welche der Dame doch deutlich genug aus dem tiefsten Herzen kamen, anderes Sinnes geworden war.

Lucretia wandte sich heftig zu ihm um, allein der Commerzienrath wehrte der beabsichtigten Erwiderung mit rasch erhobener Hand. „Laß gut sein, Alte," sagte er, „Du weißt, der Ludwig ist von jeher

der Hans Ungeduld gewesen und kümmert sich um
nichts als seine Patienten, die er obendrein aus
Ordrepariren zu gewöhnen pflegt. Sprich Du nur
weiter; das scheinen uns Anderen gar keine Dumm=
heiten zu sein, sondern leibergottes Historien, die
leicht möglich noch viel wahrer sind, als mancher
denken möchte. Woher weißt Du das aber, Alte?"

Frau Doctor Pahlke sah ihn mißtrauisch an.
„Du bist mir auch der Rechte," meinte sie bissig.
„Wenn Du so vernünftig wärest, wie Du alt bist,
würdest Du nicht auch von Dummheiten reden —"

„Ich halte es ja grade für keine!" rief er ihr
halb lachend, halb ärgerlich zu.

„Das geht mich alles nichts an. Es ist so.
Mein theurer Herr Baron, glauben Sie mir! Ich
kann Ihnen meine Quelle nicht nennen, aber es ist
eine gute, und im Uebrigen — im Uebrigen kennen
Sie doch auch mich, daß ich kein Dummbart und
auch nicht mit Unwahrheiten hantire." —

„Tante, man hat Ihnen etwas aufgebunden,"
sagte Hermine, da die Andern und Lucretia selbst
nach diesem Ergusse eine Pause machten, endlich laut,
und ihr Ton war allerdings ein wenig wegwerfend,
da die Dame der Fürstin dies Thema in diesem

Kreise und obendrein in dieser — man möchte sagen: Verhandlungsweise mehr als seltsam, fast unbelicat fand.

Lucretia hatte die junge accentuirte Stimme wieder völlig verstanden. „Aufgebunden?" versetzte sie blitzenden Aug's; „aufgebunden, meine verehrte Baroneffe?"

„Nicht böse, Tante!" lächelte das Mädchen einlenkend. „Ich meinte nur, man erfährt in Lohenhelm sehr wenig und redet und glaubt daher desto mehr. Ich habe das damals selbst erfahren!"

„Richtig, Herze!" bemerkte der Sanitätsrath.

„So, meinen Sie? So — genug, mein theurer Baron, lassen Sie sich nicht auch von solchem Unglauben anstecken!" sagte Lucretia jetzt gleichfalls in hohem Ton. „Denken Sie an das, was ich Ihnen gesagt, es sind, glaub' ich, keine Dummheiten. Und wenn Sie nicht wollen, so will ich. Ich lasse das nicht ruhen, und müßt' ich selber zur alten Hoheit gehen; die wird mich schon noch verstehen."

Sie versank wieder in ihr anscheinend theilnahmloses — der Sanitätsrath hieß es: verbissenes Schweigen, wie immer, wenn man sie verletzt oder geärgert hatte. Aber auch auf die Anderen hatte die Unter-

brechung einen Eindruck gemacht, der, wie man hätte glauben sollen, durch eine „Dummheit" kaum hervor=
gebracht werden konnte. Die Harmlosigkeit und das Behagen waren aus der Unterhaltung verschwunden und selbst Erhard, der bei der ganzen Scene still ge=
blieben, fand seine Scherze nicht wieder.

„Ich will Dir 'nmal etwas sagen, Ludwig," sprach der Commerzienrath, da die Geschwister, die Erhard noch „ein Stückchen" begleiten wollte, geschle=
ben waren, in ungemein ernstem, sorgenvollem Ton zu seinem gleichfalls aufbrechenden Bruder; „Du darfst mir in Zukunft die Alte nicht so verschüch=
tern —"

„Den Kukuk! verschüchtere ich die! Hast's ge=
hört!" unterbrach der Arzt ihn launig.

„Gleichviel, so nenn's erzürnen. Jetzt ist sie obstinat und gibt nichts mehr her. Und doch wäre mir darum zu thun. Denn kurz und gut — die alte Hoheit gedachte heut Morgen gegen mich ähnlicher Machinationen."

Der Bruder sah ihn groß an. „Dummheiten!" meinte er endlich. „Nicht, weil es nicht möglich — warum nicht? — sondern weil es, wenn wahr, der Alten hier schwerlich zu Ohren gekommen sein würde,

Schatz. Endlich, wahr oder nicht wahr — was geht's uns an? Laß' sie!"

„Schäme Dich, Bruder, schäme Dich!" sprach der Commerzienrath lebhaft. „Was es uns angeht, wenn man Verderben gegen die spinnt, die uns einmal zur Obrigkeit gesetzt sind und uns allen zum Beispiel leben sollen? Belüge nicht uns, nicht Dich selbst; Du denkst anders!" Und indem er sich zu seiner Schwester wandte, die eben erst von Frau Elisabeth aus ihrem zürnenden Schweigen gelockt war, fuhr er lauter und freundlicher fort: „nun Alte, was war das vorhin? Wir sind jetzt unter uns. Von wem hast Du die Intriguengeschichte?"

Sie sah ihn mit hoher Miene an. „Unter uns — ich kenne euch schon! Grob sein und spotten, das versteht ihr. Aber glaubt's oder glaubt's nicht — ich weiß, was ich weiß, und thue, was mir gefällt. Und die junge hochmüthige Dame mit ihrem Aufbinden — man hat mir auch über sie was aufgebunden —"

„Ueber Hermine?" fragte Frau Elisabeth, indem jetzt auch sie einmal ihre gewöhnlich so ruhige Stirn faltete.

„Weßhalb nicht? Wenn man sie nun auch zu

einem Divertissement für eine höchste Person verwenden möchte? Wer weiß! Vielleicht sind's auch nur Dummheiten. Eingebildet und eitel genug scheint sie mir sonst geworden zu sein, um an solcher Rolle allenfalls Vergnügen zu finden."

„Abieu, Kinder, abieu!" sagte der Sanitätsrath lebhaft. „Laßt sie zu Bett gehen, sie faselt sonst noch das Blaue vom Himmel herunter. Pfui Teufel, was ist das alles für Unsinn!" Und er ging zur Thür hinaus. —

Die drei jungen Leute waren inzwischen auf ihrem Wege durch die stille Nacht gleichfalls von neuem auf das wunderliche Bekenntniß der alten Dame zurückgekommmeu. „Wenn ich nur begriffe, wie sie dazu gelangen konnte!" sagte Hermine mißmuthig. „Es ist ja ein Unsinn, allein, daß man überhaupt nur so frech zu reden wagt —"

„Ei," meinte Erhard, „grade weil man sie für tauber hält als sie zu Zeiten ist, genirt man sich vor ihr weniger. Ich habe auch sonst schon seltsame Dinge durch sie erfahren."

„Also glauben Sie an eine solche Nichtswürdigkeit?" fragte Hermine in eigenthümlich bebendem Ton.

„Lieber Gott," sprach er scherzend, „wissen Sie denn nicht, Fräulein Hermine, daß hier manches passirt, wovon wir schlichten Leute uns nichts träumen lassen?" War es Zufall, daß seine Hand, die er wie häufig in seiner Lebhaftigkeit, bei diesen Worten rasch erhob, grade auf das glänzend erleuchtete Hellenberg'sche Palais zeigte, an dem sie eben vorübergingen? Und der Mond beleuchtete ihren Weg so hell, daß die Geschwister es wohl bemerken konnten.

Herminen zum mindesten war es auch aufgefallen. „Verlaß Dich darauf," sprach sie, als sie mit dem Bruder daheim war, zu ihm, „wenn an dieser Abscheulichkeit etwas wahr ist, geht es sicher aus jenem Hause hervor. — Ach Eugen," brach sie ab, „hatt' ich Unrecht, als ich mich zuerst gegen diesen Besuch sträubte? Dies Gezänk, und nun diese häßlichen Räthsel! Ich kenne für mich nichts Peinlicheres."

„Verschlaf's, Kleine!" sagte er freundlich, trotz seiner sichtbaren Zerstreutheit, indem er die Hand leicht über ihre blonden Locken gleiten ließ. „Gute Nacht, Kind."

„Die sollte man Dir zuerst wünschen," meinte sie den Kopf schüttelnd. „Vorhin freute ich mich über Deine Heiterkeit, aber damit ist's schon wieder vorüber, wie ich sehe."

Er zuckte lächelnd die Achseln. „Wenn man aus der Freiheit in die alte Tretmühle zurückkehrt —"
„Hast Du noch Geschäfte? Ach — willst Du mit der weißen Frau Begegnen spielen? Nimm Dich in Acht, Eugen! Es soll dem Menschen nicht gut sein, wenn er ein Gespenst sieht."

Fünfundzwanzigstes Capitel.

Die Weiße erhält einen Nebenbuhler. Ein Nacht-Rendezvous, das mit höchstem Anstand verläuft.

Hermine hatte es getroffen: Eugen war allerdings entschlossen, nach dem Spuk, der so plötzlich aufgetaucht war und schon auf die kleine Zahl der Mitwissenden einen tiefen Eindruck gemacht hatte, nach Kräften zu sehen, und hatte sich mit jenem Kameraden, der ihm am Morgen so ernst freundlich zugeredet, zu einer Ronde verabredet, welche in der betreffenden Stunde das ganze Terrain des Geistes umfassen sollte. Es war selbstverständlich das tiefste Geheimniß beobachtet worden, und auch, daß Herr von Silling schon in Eugens Abwesenheit sich in dessen Wohnung einstellte und auf den Freund warten zu wollen erklärte, verrieth nichts, da der Diener so gut wie der Aufseher den Herrn häufig und auch noch

zu später Stunde mit dem Adjutanten verkehren
sahen.

Der Hauptmann brachte aus der Kaserne die
Nachricht mit, daß, soviel seine vorsichtigen Nachfor-
schungen ergeben, das Gespenst in der vorigen Nacht
nicht zum erstenmale erblickt worden sei. In der
vorhergehenden Nacht wollte der Posten droben die
Gestalt ebenfalls bemerkt haben, die aus dem Pavillon gekommen, bei seiner Annäherung — es war
gleichfalls ein beherzter Mensch — aber nach seiner
Beschreibung ihm mitten im Corridor aus den Augen
verschwunden, gleichsam in Nichts zerflossen sei.
Der Offizier, dem er davon Meldung gemacht,
hatte die Sache für eine Narrheit erklärt.

Die Herzogin war noch nicht lange in ihre Gemächer zurückgekehrt; sie war, nachdem sie die Hellenberg'sche Soiree verlassen, noch zur alten Herzogin Frie-
derike gegangen, und dort beinah eine Stunde verweilt.
Es gab noch ziemlich viel Bewegung in dem großen Corridor; Gräfin Derffen verließ die Fürstin erst jetzt, dann
schied Fräulein von Rausnitz, darauf verschwand die
Kammerfrau, und es hatte schon eine ganze Weile zwölf
Uhr geschlagen, als die volle Nachtstille einzukehren begann. Drunten, beim Herzog, war es früher einsam ge-

worden. Nachdem der von auswärts berufene Hofprediger, der häufig mit dem Fürsten conferirte, bald nach elf Uhr gegangen war, regte sich hier nur noch der Schritt des Postens. Serenissimus brauchte für gewöhnlich beim Auskleiden keinerlei Hülfe und liebte auch die Anwesenheit eines Dieners nicht.

Die Offiziere hatten sich unten und oben in die Nähe der Durchgänge postirt, mittels deren man aus dem Ostflügel in die Geschosse des Pavillons gelangte. Sie hatten den großen Corridor unten und oben offen vor sich und sahen auch in den winkelvolleren des Pavillons ziemlich weit hinein; zugleich verband ganz in der Nähe die Lauftreppe ihre Posten und ließ nicht nur ihren Ruf, sondern, wenn dies nöthig, auch sie selbst auf das schnellste zu einander gelangen. Wenn sich etwas auf dem früher von uns beschriebenen Wege zeigte, mußte es dem Einen oder Anderen, oder vielmehr beiden zu Gesicht kommen.

Allein beide standen und standen, ohne daß der Spuk erscheinen wollte, und nachdem die Uhr schon halb Eins geschlagen hatte, fing selbst Eugen an sich zu sagen, daß das Gespenst entweder keine Lust zu Begegnungen oder heut auch grade eine Nacht habe, in der es sich ausruhen dürfe. Er war einen Augenblick von seinem Posten fort und gegen das Fenster des kleinen Flurs getreten, durch das man in den todtenstillen, von dem untergehenden Mond kaum noch erhellten Park hinaussah, — für einen Moment, wiederholen wir, so viel Zeit er gebrauchte, um die fünfzehn bis zwanzig Schritte vom Durchgang bis zum Fenster zurückzulegen und einen Blick hinauszuwerfen. Dann wandte er sich schon wieder um, und sah in diesem Augenblick die weiße Gestalt vorübergleiten, unhörbar, nicht langsam, nicht rasch, und doch mit einer Schnelle der Bewegung, daß sie, als er in ein paar Sprüngen am Durchgang war, den nächsten Theil des Corridors bereits durchmessen hatte und durch die sogenannte Vorhalle glitt, welche hier den Corridor eine Strecke weit, vor den Gemächern der Fürstin unterbrach, — „wie eine Rauchwolke, die im Winde mällg weiter zieht," sagte er nachher dem Freunde, „und allerdings von allem abweichend, was wir unter dem Ausdruck körperlich zu verstehen gewohnt sind."

Die wenigen Schritte bis zur Halle waren schnell zurückgelegt, denn Eugen verlor nicht einen Augenblick seinen Zweck aus den Augen. In dem jenseitigen Theil des Corridors mußte der Spuk auf die Wache stoßen, die der Offizier im Licht der nächsten Lampe deutlich genug auf ihrem Posten sah. Allein, die Gestalt fand heut diesen Weg, wie es schien, nicht angemessen. Sie glitt — das sah Eugen noch, da er an die Ecke des Corridors und der Halle gelangte, quer durch diese und an der großen Staatstreppe vorüber gegen die Gallerie zu, welche sich hier vor einigen Gemächern, und gegen den Schloßhof offen, hinzog, ohne Ausgang als in diese, wie Eugen bestimmt wußte, völlig unbenützten, nur bei großen Festlichkeiten gleichfalls geöffneten Räume. Hier konnte ihm die Erscheinung nicht entgehen, wenn sie überhaupt von menschlichen Händen erfaßt werden konnte. Wenn sie sich nicht in den Schloßhof stürzen wollte, mußte sie in einem der Zimmer verweilen oder in den großen Corridor zurück.

Er wandte sich, den Posten herbei zu winken und — fuhr dennoch zusammen, denn eben glitt aus einer Thür, welche einen die Privatzimmer der Fürstin und die zum sogenannten kleinen Empfang bestimmten Gemächer trennenden schmalen, corridorartigen Raum verschloß, eine neue bedenkliche Gestalt hervor und schräg über den offenen Platz, dem großen Corridor zu, — unhörbar, — wir müssen freilich bemerken daß hier überall dichte Teppiche einen nicht harten Schritt dämpften, — gespensterhaft, aber doch nicht ganz so schattenartig, wie die erste, und obendrein auch nicht weiß, sondern rabenschwarz, und endlich auch nicht mit jener Luftigkeit der Bewegung, die Eugen es unmöglich gemacht hatte, die Erscheinung einzuholen.

An diese gelangte er heran, wenn auch keinen Augenblick zu früh, da sie bereits hart an der nächsten Thür stand — dieselbe führte zu den Zimmern der Kammerfrau Therese Herzog. Und seine Hand, welche den Arm des Geistes umspannte, faßte Fleisch und Bein — Eugen fühlte das gut genug — eines Mannes.

„Wer sind Sie — was haben Sie hier zu thun?" fragte der Offizier leise, aber im drohenden Ton. Der Geist rang verzweifelt sich von dem Griff des Gegners loszumachen, ohne daß seine Kraft jedoch dazu ausgereicht hätte. Und nun fügte Stillberg auch bereits nicht lauter, aber fast noch eindringlicher hinzu: „wenn es Ihnen um ein Geheimniß zu thun ist, geben Sie nach, oder ich rufe den Posten."

Der Schwarze gab nach. „Gehen wir," sagte

er mit dumpfer Stimme, welche dem Frager völlig unbekannt klang.

Die Verfolgung der ersten und eigentlichen Erscheinung mußte Eugen wohl aufgeben; die Ergreifung seines Gefangenen hatte ihn die Halle und die Gallerie eine längere Zeit nicht mehr beobachten lassen, und es war hundert gegen eins zu wetten, daß der Geist, falls er eine Begegnung mit einem Sterblichen scheute, dies bemerkt und sich zu Nutze gemacht haben würde. Er nahm daher wohl oder übel den Arm des Schwarzen unter den seinen und führte ihn dem Pavillon zu und die Treppe hinab. Als sie Silling noch am Durchgange sahen, zuckte der Unbekannte zurück. „Noch Jemand?" murmelte er. „Cher baron, machen Sie sich, machen Sie mich nicht unglücklich!"

Selbst wenn Eugen eine Begegnung mit dem Freunde hätte vermeiden wollen, wäre es schon zu spät gewesen, da Silling die Beiden erblickt hatte und sich mit einem Laut des Erstaunens rasch näherte. Aber der junge Mann wollte dies auch nicht einmal und am wenigsten jetzt, wo er seinen Gefangenen erkannt hatte. „Unglücklich — mich, Herr Präsident? Wie so?" fragte er mit gerunzelter Stirn.

„Staatsgeheimnisse, cher baron! Ich bitte Sie!" flüsterte der Verhüllte hastig.

„In der Maskerade?" versetzte Eugen ein wenig verächtlich. „Aber — gleichviel! Mein Freund ist mit mir auf Posten und hat das gleiche Recht auf Ihre Bekanntschaft wie ich — oder auch die gleiche Discretion." Und als Silling jetzt neben ihnen war, fügte er mit einem Anflug von Laune hinzu: „Die Weiße entging mir, den Schwarzen aber fing ich. In mein Zimmer, ihr Herren."

Der Verhüllte schien sich gefaßt und in sein Schicksal ergeben zu haben. Im Gemach, mit den beiden Herren allein, legte er zwei Finger auf Sillings Arm und bat: „Discretion, mein Herr Hauptmann!" Und dann schlug er die Kapuze und den Schleier zurück, die Kopf und Gesicht verhüllten —

„Baron Reigenbach!" rief Silling überrascht.

„Unglücklicherweise," lispelte der Präsident im schwermüthigen Ton. „Meine Herren, Sie sind sehr grausam!"

„Davon später, mein Herr," sagte Eugen kalt. „Wollen Sie jetzt vor allen Dingen uns diese Maskerade und den Platz erklären, wo ich Sie traf."

„Mon dieu, cher baron, was ist da viel zu

erklären?" versetzte der Präsident mit einem kleinen Lächeln. „Ich hatte von dem erfahren, was Königliche Hoheit zu nennen verboten hat; ich war neugierig — von Jugend auf ein gewisses Tendre für die Nachtseite der Natur — je vous assure, unwiderstehlich. Suchte Gelegenheit zu beobachten, erhielt sie, und auch den Talar — hi — gelt, cher baron, stand mir gut, ganz geisterhaft — hi? — Versteckte mich —"

„Wer versteckte Sie, Herr Präsident, dort, wo, so viel ich weiß, nur Ihre Königliche Hoheit das Recht hat einzutreten oder den Eintritt zu gestatten, zu einer Stunde obendrein, wo niemand im Schloß etwas zu thun hat, als die Bewohner desselben?" fragte Eugen mit der früheren Kälte.

Die Worte und die Weise schienen dem Präsidenten doch einigermaßen empfindlich zu werden. Er erhob das Haupt und entgegnete in höherem Ton: „ei mein Herr Major, Herr von Silling scheint mir in dem gleichen Fall zu sein, und überdies — erlauben Sie mir diese Bemerkung — kann ich bei Ihnen nicht das Recht voraussetzen, sich um die kleinen Affairen derjenigen zu bekümmern, welche durch

diefelben in's Schloß gerufen werden." Er betonte
dies „gerufen" obendrein hörbar scharf.

„Dies Recht nehm' ich mir, Herr Baron," antwortete Eugen unverändert, „und zwar gegen jedermann, den solche Affairen zu solcher Stunde in diesen Theil des Schlosses führen. Sagen Sie das auch dem oder denen, die mit Ihnen bei diesen Affairen betheiligt sind. Man kennt die Ansichten und den Willen der Hoheiten gut genug, und es ist niemand da, der sich nicht danach zu richten hätte."

In den blaugrauen, für gewöhnlich unter den Lidern fast verborgenen Augen des Präsidenten zeigte sich während dieser Worte ein paarmal ein rasch auftauchendes und nicht minder schnell verschwindendes Leuchten. Doch machte er keinen Versuch, den unbequemen Prediger zu unterbrechen, und da Eugen mit einer steifen Verbeugung schloß, sagte er nach einer Pause auch nur, gleichfalls mit einer Verbeugung: „ich nannte Ihnen vorhin ein Wort — Herr von Silling entschuldigt, daß ich es nicht wiederhole —"

„Ein Wort, an das ich glauben werde, sobald Sie mir nachweisen, daß man Geschäfte im Maskenanzuge betreibt," unterbrach ihn Eugen ruhig. „Im

Uebrigen können Sie auf Sillings und meine Dis=
cretion in Betreff des Vorgefallenen rechnen, so lange
demselben keine weiteren Folgen von irgend einer
Seite gegeben werden. Und nun, mein Herr Präsident —"

„Werd' ich die Ehre haben, mich den Herren zu
empfehlen und diesen dunklen Geist in die Hände
zurückgeben, denen ich ihn verdanke," sagte Reigenbach in seinem gewöhnlichen, gezierten Ton und mit
dem süßen Lächeln seiner schönen Stunden.

Leider ging an den beiden Hörern der Scherz
verloren, und Eugen bemerkte nur frostig: „über-
nähme ich dies nicht lieber? Sie können die Stunde
bestimmen."

„Merci, merci, cher baron!" lächelte Reigenbach. „Sehen Sie mich barhäuptig — zwar milde
Nacht, aber doch gar zu schülerhaft — hi! — Und
einer von Ihren Helmen oder Hüten — cher baron,
dieser Kopf gar zu unkriegerisch!" Er hatte den Trost,
daß Silling wenigstens lächelte.

Eugen verbeugte sich kurz. „Also, Herr Prä=
sident, wie Sie es verantworten können. Aber noch=
mals — die Besuche in diesem Costüme, zu dieser
Stunde und an jenem Platz möchte ich in Zukunft

zu unterlassen bitten, wenn sie nicht durch den ausdrücklichen Willen Ihrer Hoheiten sanctionirt werden." —

„Den hast Du hinter Dir, Stillberg," sagte der Kamerad, als Reigenbach sie verlassen hatte, mit Kopfschütteln. „War es klug, den albernen Burschen so hart anzufassen?"

Eugen machte eine ungeduldige Bewegung mit der Hand. „Erinnere Dich an das, was Du mir selber heut Morgen sagtest," entgegnete er finster, „und obendrein beehrt Reigenbach meine Schwester neuerdings mit einer Aufmerksamkeit, die mir unter Umständen nicht mehr lächerlich sein würde. Es ist überdies ganz gut, daß man eine Lection empfängt und ein wenig vorsichtiger wird. —"

„Man? Wo faßtest Du ihn?"

„Vor dem Zimmer der Herzog. Ich wiederhol's, auch der Dame schadet die Lection nicht."

„Aber Dir vielleicht," sagte der Freund nachdenklich.

„Immerhin," lautete die ruhige Antwort. „Du weißt, ich zerreiße mich nicht um meine Stellung. Aber sie um diese da zu verlieren, würde ich für eine Ehre halten. Von einem solchen Einfluß will ich nicht abhängig sein."

Inzwischen hatte die „Lection," wie Eugen es geheißen, wirklich schon ihre Früchte getragen, denn Reigenbach kehrte, die schwarzen Hüllen um sich zusammenfassend, so schnell und leise er's vermochte in den oberen Stock zurück und ließ, um eine Ecke lauschend, den Posten im Corridor erst eine Wendung machen, bevor er vollends zu den Zimmern der Kammerfrau und hineinschlüpfte.

Die kluge Dame fuhr vom Sopha auf, wo sie in noch vollem, vielleicht nur etwas bequemeren Anzug geruht und gewartet zu haben schien. „Um Gotteswillen, Baron, Sie sprachen hier vorhin vor der Thür — Sie blieben so lange aus — ich habe Todessorge gehabt. Was war das alles?"

Er riß den Talar vom Leibe und warf ihn auf den nächsten Stuhl, mit einer Heftigkeit, welche seiner gewöhnlichen Weise völlig widersprach, und er sagte auch in Tönen, die fernab waren von seinem uns bekannten Lispeln und Verschlucken: „Daß der Satan diesen verwünschten Tugendhelden hole! Ich hab' es Ihnen vorausgesagt, Therese — es war heut grade nicht gut! Die Spur ist noch zu frisch, als daß der Hund nicht darauf jagen sollte. Nun ist's richtig so gekommen und —"

„Aber liebster Präsident, ich bitte Sie um alles! Was ist's denn? Hat man Sie entdeckt?"

„Natürlich, aller Schatz, und obendrein hübsch rechtzeitig," lachte er grimmig, „grade als ich aus dem kleinen Corridor schlüpfte."

„Aus welchem Corridor?" rief sie erschrocken aus.

„Neben der Garderobe," sagte er im vorigen Ton.

„Aber Gott erbarme sich, Präsident, wie kamen Sie dahin? Ich bitte Sie! Und da entdeckte man Sie? Wer, wer?"

„Wer denn anders als dieser verwünschte Tugend- und Hochmuthsnarr —"

„Der Major?"

„Ja, der Herr Major und Leibgardenkommandeur, Adjutant und der Teufel weiß was noch sonst! Er sah mich dort herausschlüpfen und holte mich hier vor Ihrer Thür ein. Er schleppte mich mit seiner pöbelhaften Kraft hinab in sein Zimmer und stellte mich dort dem tugendsamen Ritter Silling vor und ließ mich ein Verhör und eine Vermahnung bestehen — Therese, ich sage Ihnen —" und Reigenbach ballte in wortlosem Grimm beide Fäuste und schüttelte sie.

Therese Herzog saß ganz zusammengeschmiegt in der Sophaecke, die grauen Augen, welche bisher mit dem Ausdruck eines ernstlichen Schrecks auf dem Erzähler geruht, zu Boden geschlagen, und die zuweilen ein wenig nervös zuckenden Hände in den Schooß gelegt. Nach einer ganzen Weile erst sah sie auf und ihm nach, der heftig im Zimmer auf und abging, und wieder nach einer Pause sprach sie leise: „Baron, das find' ich sehr widerwärtig! Und hier vor meiner Thür, sagen Sie?"

Es zuckte etwas wie sein gewöhnliches süßliches Lächeln über das Gesicht und verdrängte den Ausdruck der Energie, müssen wir wohl sagen, den die schlaffen Züge unter dem Einfluß des Grimms angenommen hatten. „Ja, Therese, auch dies zarte Geheimniß ist gefährdet!" sagte er. „Ahnungen — Ahnungen! Ich sagte Ihnen, daß ich heut gar kein Vertrauen zu —"

„Und der Major weiß, daß Sie hieher zurückkehrten?" unterbrach sie ihn mit gefalteter Stirn.

„Er ahnt es wohl, alter Schatz, da er die Thür, vor der er mich aufgriff, schwerlich verkannt haben kann."

„Und trotzdem kommen Sie!"

„Wohin sollt' ich, Schatz? Mußt' ich nicht? War mein Hut nicht hier? Denken Sie den Skandal, wenn Serenissima bei Ihnen eingeschaut und diesen Hut erblickt, oder auch nur von ihm erfahren hätte!"

„Zum Scherzen ist mir gar nicht zu Muth," meinte sie zürnend.

„Scherzen? Wer scherzt? Bitterer Ernst, Therese! Es gibt hundert Geschichten, wo eine Intrigue, ein Verhältniß durch irgend ein vergessenes, verlorenes, übersehenes Kleidungsstück verrathen worden. Die Damen denken in ihrer Herzensbewegung nicht an dergleichen, oder sie vermögen gar sich von einem solchen süßen Erinnerungspfande nicht zu trennen! Aber seien Sie ruhig," schloß er, stets im gleichen, nachlässig gezierten und frivolen Ton, „die beiden — Diebsfänger — hi, Therese, guter Einfall? — haben mir die vollste Discretion zugesichert."

Die Kammerfrau ließ von neuem eine lange Pause vergehen, bevor sie zu einer Erwiderung gelangte, und dann sagte sie auch nur in einem hörbar niedergedrückten Ton: „aber wie war es möglich, daß er Sie hier fand? Was hatte er hier zu thun? Wie kamen Sie grade in diesem Moment —"

„Kluge Therese, blamiren Sie sich nicht!" unterbrach er sie spöttisch. „Wie er hieherkam — er lief der Weißen nach —"

„Der Weißen nach? Baron, der Spuk war wirklich da?" rief sie überrascht aus.

„Na natürlich; habe die Ehre gehabt, ihn sanft an mir vorübergleiten zu sehen, und da der Tugendheld ihm nachschoß, in die Halle hinein, meinte ich den Augenblick gekommen, Ihnen Bericht abzustatten und das Weitere mit Ihnen vereint zu erwarten, Schönste. Gespensterhaft leise, sag' ich Ihnen! Aber er sah sich um — und dieser dumme Blick bricht ihm den Hals." Und indem jählings jenes unheimliche Leuchten aus seinen Augen brach, fügte er verbissen hinzu: „wir müssen unsere Rache haben, Therese, wir, denn Sie bekamen auch Ihren Antheil in der Predigt! Alles Uebrige ist mir gegenwärtig gleichgültig, es findet sich schon zugleich mit der Rache. Ich sagte von seiner Discretion, ich glaube gewissermaßen an sie, er ist genug albern ehrlich; aber wir wollen nicht davon abhängen. Sie müssen schon heut Ihre ersten Fäden spinnen. Wie — das werden Sie besser wissen als ich, der ich nur steigende Gnade sehe, auch von dort." Und er beulete gegen den Corridor zu, an dessen anderer Seite, wie wir wissen, die Gemächer der Herzogin lagen.

Während seiner Rede war in Theresens Stimmung eine Veränderung vorgegangen, welche sich auf das deutlichste in ihren Zügen abspiegelte und nun auch durch ihre Stimme Ausdruck erhielt, als sie mit einer beinah verächtlichen Betonung erwiderte: „bah, das wäre das wenigste; es ist nur ein Interesse der hellen Langenweile, von dem keine Rede mehr sein wird, sobald man eine lustigere und aussichtsvollere Unterhaltung entdeckt hat. Und die ist ja schon da — die Hellenberg wird sich, glaub' ich, nicht verechnet haben. Es gilt also nur sie auch annehmbar erscheinen zu lassen, und mir däucht: haben wir das Eine durchgesetzt, kann uns das andere nicht mehr schwer fallen. Das ist das Schwierige nicht," wiederholte sie achselzuckend. „Allein was hülfe uns seine Entfernung, so lange diese hochmüthige Kleine zurückbleibt? Und mit der ist's eine andere Sache. Wie die Hoheit einmal von ihr eingenommen ist — Sie glauben nicht, Reigenbach, was sie gelegentlich für einen harten Kopf haben kann!"

„Sagen Sie, guten Geschmack, Therese," bemerkte er, da sie nicht fortredete, „hier wenigstens. Ein bistinguirtes Persönchen, unleugbar. Schade, daß sie kein Vermögen hat."

Therese zuckte die Achseln. „Bah doch, guter Geschmack!" sagte sie wegwerfend. „Ich weiß nicht, was Ihr Herren grade an der hochmüthigen, fischblütigen Närrin findet. Auf den ersten Anblick mag sie bestehen; je näher man sie kennen lernt, desto besser erkennt man auch, daß dieser erste Eindruck ein falscher. Die Hellenberg weiß das auch schon, die Hoheit aber noch nicht."

„So helfen Sie ihr, Therese," meinte er leichthin. „Sie werden schon einen Stein finden für dies Füßchen. Nun aber," und sein Auge ruhte auf ihr mit spürender Schärfe, „Sie nannten schon zweimal die Hellenberg, und zwar in besonderer — Anwendung. Bisher haben Sie in diesem Punkt selbst gegen Ihren treusten Verehrer eine anbetungswürdige Discretion bewahrt, Theuerste! Darf ich hoffen, daß Sie in dieser schönen Stunde auch diesen Schleier endlich lüften?" Er ergriff ihre Hand und führte sie mit einer gezierten Bewegung an die Lippen.

Therese lächelte. „Baron — keine Thorheiten! Wir haben keine Zeit dazu. Also von Gräfin Leonie — das ist in zwei Worten gesagt. Sie beklagte die

Verstimmung der Hoheit und litt unter ihrer Strenge — es thun das ja viele, Baron! — Aber sie war gefühlvoller als alle und sann auf Hülfe und brachte für diese sogar ihr eigenes Herz zum Opfer. Sie verstehen mich, Baron?"

„So ziemlich," sagte er mit seinem süßen Lächeln. „Hörte eine leise, leise Sage — magnifique, diese kleine Gräfin, obschon sie mich mit ihrer Ungnade begnadigt. Hätt' es ihr nicht zugetraut. Schon, daß sie Serenissima so richtig verstand — ist es richtig, Therese? — oder zu solchen Confessionen vermochte —"

„Confessionen? Unsinn, Baron," unterbrach ihn Therese mit spöttischem Lächeln. „Die Hellenberg ist eine wunderbar resolute Dame, viel mehr, als man ihrer rosigen blonden Schönheit zutraut. Damit hielt sie sich nicht auf, sondern ging, auf meine Andeutungen und Vermuthungen — mehr hatte ich nicht zu geben — hin gleich an die rechte Quelle. Erlaucht sind eine wahre Hexe, Baron!"

Er sah sie zweifelhaft an. „In der That, Therese, das verstehe —"

„Vermuthen Sie, Baron, mehr thu' ich auch nicht," fiel sie lächelnd ein. „Aussprechen — behilte

Gott! Fragen Sie einmal das grüne Kabinet — vielleicht verstehehen Sie sich auf ein wenig Zauberei und vermögen die Wände Ihnen eine Geschichte à la reine Marguerite zu erzählen."

In seinen Zügen malte sich jetzt eine lebhafte Ueberraschung. „Therese," rief er dann in ein Lachen ausbrechend, das er sichtbar nur mühsam zu dämpfen vermochte, „Sie sind grausam! Mir eine so prachtvolle Geschichte zu verschweigen! Wenn sie nur wahr ist! Mein Gott, hätt' ich dies auch nur für möglich halten können! — Und das Resultat?"

Sie zuckte mit einem frivolen Lächeln die Achseln. „Wird in diesem Falle ein befriedigendes gewesen sein. Gleich darauf fingen wir an, des Grafen Löwenberg Exil zu beklagen und auf das Ende desselben hinzuarbeiten. Ich wiederhole aber, Theuerster," fügte sie ernster hinzu, „taxiren Sie Gräfin Leonie nicht falsch. Sie ist eine resolute Dame, und selbst ich habe nicht eine offene Silbe von ihr erfahren, obgleich sie sonst viel Güte für mich hat.'

Er ging eine Zeit schweigend auf und ab, bevor er neben ihr stehen bleibend, mit dem spürenden Blick sagte: „seien Sie ehrlich, Therese — hängt diese Spulgeschichte auch etwa damit zusammen?"

Die Kammerfrau schaute ihn kopfschüttelnd und mit einem — wir müssen wohl sagen: wegwerfenden Lächeln an. „Baron," versetzte sie, „Sie sind zuweilen von einer mir rein unbegreiflichen Naivetät. Sagen Sie einmal — glauben Sie selbst, daß jene Erfahrung verlockend genug gewesen, um die Fortsetzung suchen oder bewilligen zu lassen? Ferner, begreifen Sie nicht, welche Vortheile man grade aus der jetzigen Zurückhaltung zieht? Endlich, denken Sie nicht daran, daß diese Spukgeschichte auch gestern spielte, wo niemand daheim war?"

Nach einer nachdenklichen Pause sprach er: „und dennoch — seien Sie ehrlich, Therese, — was könnte es sonst sein? Sie täuschen mich mit Ihrer Unwissenheit nicht."

„Auf Seele und Seligkeit, Reigenbach, hier thun Sie mir Unrecht," erwiderte sie lebhaft. „Ich habe keine Ahnung davon. Alle und jede Möglichkeit wird von vornherein durch die gestrige Erscheinung aufgehoben. Aber lassen Sie mir Zeit, wir bringen es heraus."

Sie sprachen noch eine Weile hin und her, und dann sagte er nach der Uhr sehend: „mon dieu, schon zwei Uhr! Und um neun Uhr Vortrag! Scheiden wir, schöne Schäferin! Gott, wenn man von dieser Conferenz wüßte, wie falsch würde man uns beurtheilen! Ich selbst bewundere unseren Ernst, Theure! Und wenn der werthe Major — apropos, Therese, es bleibt also dabei, Sie spinnen Ihre Fäden! Ich helfe Ihnen redlich, auch, wenn es sein muß, gegen die charmante Kleine, ich weiß sogar schon etwas! — Ja, was ich sagen wollte: wenn der werthe Major uns belauscht hätte, würde er an dem Staatsgeheimniß wohl nicht mehr zweifeln."

„Staatsgeheimniß? Was heißt das?" fragte Therese mit einem gewissen mißtrauischen Blick.

„Ei nun," lächelte er, „da der Herr besonders neugierig war, was ich in dem bewußten Corridor zu thun gehabt, erlaubte ich mir dies durch eine Verhandlung zu erklären, welche Staatsinteressen berührt habe und daher Geheimniß bleiben müsse."

„Und er glaubte Ihnen?"

„Unverschämterweise kaum. Aber genug für heute, wir sind b'accord, Theure, nicht? Ich hoffe bald Erfreuliches von Ihnen erfahren zu dürfen. Gute Nacht, Therese!" —

Als er gegangen war, stand die Kammerfrau noch eine ganze Weile auf der gleichen Stelle und sah mit nichts weniger als freundlichen Blicken auf die Thür, durch die er sich entfernt hatte. „Ist er mehr närrisch oder kindisch?" murmelte sie endlich, „mehr heuchlerisch oder nur unverschämt eitel? Werden ihm den Brodkorb ein wenig höher hängen müssen."

Sechsundzwanzigstes Kapitel.

Audienzen einer Hofdame. Die Wirklichkeit noch überraschender als die Träume.

Dem Kalender nach war der Frühling noch nicht zu Ende, aber in Wirklichkeit hatte er bereits dem heißesten Sommer Platz gemacht. Die Tage waren fast gar zu schön und die Nächte wurden trotz der weitläufigen und luftigen Bauart der kleinen Residenzstadt von einer zur anderen immer unerträglicher. Die Fremden, die der Winter an den neuen Hof gelockt, waren daher auch fast alle wieder davongeflogen, die Einheimischen, welche nicht durch ihre Stellung gefesselt wurden und draußen irgend eines großen oder kleinen Besitzes sich erfreuten, folgten ihnen ungesäumt, und wer von der Stadt und seinem Amt noch festgehalten wurde, sehnte sich schmerzlich nach den Sommerferien oder nach billiger Einsicht der höchsten

Herrschaften. Sie mußten auch für sich auf Erlösung
denken. Denn im Schloß war es nicht minder unerträglich als in den Straßen und Häusern, welche von
dieser Gesellschaft bewohnt wurden, und von Unterhaltung und Zerstreuung, wie die Betreffenden sie vom
und am Hofe als eine Art Menschenrecht verlangten, konnte in diesen Regionen gar keine Rede
sein. Das wirklich seit einigen Wochen eröffnete
Theater konnte kein Mensch mehr besuchen, und die
Morgenconzerte, welche auf Befehl der Herzogin neuerdings zuweilen im Park statt fanden und zuerst die
ganze vornehme Welt zum frühen Aufstehen gebracht
hatten, verloren schon jetzt ihren Reiz. Es war selbst
zu dieser Stunde zu heiß, und die Wenigen, welche
sich noch begegneten, wurden durch ihre geringe Zahl
obendrein jedesmal an die Glücklichen erinnert, die
sich bereits hatten frei machen dürfen.

Und dennoch zeigte sich bisher nur wenig Aussicht
auf Erlösung. In jenen Herbst- und Winterwochen,
als das herzogliche Paar sich von Desirade in das
Stadtschloß geflüchtet und in den kaum eingerichteten
Räumen desselben und überhaupt in allen neuen,
unfertigen Verhältnissen unbehaglich genug davon gekommen war; als die Herzogin besonders jene tiefe

Verstimmung und Entmuthigung noch nicht bemeistert hatte, denen wir sie mehrmals den ungeduldigsten Ausdruck geben hörten — damals hatte sie im Kreise ihrer Vertrauten oft genug auf den Sommer und den Ersatz gehofft, den ein Aufenthalt auf dem Degenberg ihr gewähren sollte. Die ersten Frühlingstage sollten sie hinausführen, kein Geschäft durfte sie in den städtischen Fesseln halten, dort wollte sie wieder als „einfache Burgfrau" leben und nur gelegentlich als Fürstin hofhalten; ja, es erschien ihr ganz natürlich, daß selbst der Herzog dort lieber weilen werde als hier. Der Geschäftsgang mußte sich regeln lassen, und der damals noch so ungnädig angesehenen Stadt war eine solche Entfernung des Hofes eine ganz gerechte und geziemende Strafe.

Das war damals gewesen, aber seitdem immer seltener laut geworden, gleichviel, ob die Herzogin sich heimischer in ihrer neuen Stellung und Umgebung zu fühlen begann, ob sie die Zustimmung ihres Gemahls nicht erlangen konnte, oder ob sie zu begreifen anfing, daß eine solche Entfernung vom Mittelpunkte der Verwaltung und aller Geschäfte, ihr Bedenkliches haben mußte und selbst durch den allerhöchsten Willen nicht erzwungen oder gerechtfertigt werden konnte. Der Herzog hatte sich über diesen Plan niemals eigentlich geäußert, wie er denn bekanntlich schon damals überhaupt nur selten und wenig Theil nahm an solchen rein weltlichen Dingen, welche nicht das Ansehen und die Macht der Fürsten berührten. Aber wie sich im Laufe der Zeit alles geordnet, und wie er dem Einfluß und den Eingriffen seiner Gemahlin gegenüber stets weniger etwas wie einen eigenen Willen offenbarte, hatte man wohl ein Recht anzunehmen, daß er auch hier ihrem Wunsche nachgegeben haben würde, wenn ein solcher ausgesprochen worden wäre. Das aber war eben nicht geschehen; die Fürstin hatte im Gegentheil, da bei dem Frühlingsfest in Desirabe sie Jemand an den Plan erinnerte, denselben als einen Einfall belacht, der nur durch die Verstimmung der ersten Wochen hervorgerufen worden sei.

Jetzt, das sah man gut genug, wollte sie sich nicht mehr von den Geschäften trennen, zu denen sie sich den Zugang verschafft hatte, für die sie, wie die Eingeweihten nicht läugnen konnten, eine nicht geringe Begabung und Gewandtheit, Ueberblick und Kraft besaß, und denen sie unbedenklich, wenn die Zeit oder der Gegenstand drängte, selbst ihre täglich deutlicher und sorgloser hervortretende Neigung zum Selte-

ren Genuß des Lebens opferte. Für diesen Lebens=
genuß dachte sie, so viel sie merken ließ, keineswegs
an die Zukunft, sondern nur an die Gegenwart, und
diese Gegenwart gerade fing nun doch täglich öder
und ärmer zu werden an.

Jetzt waren auch Hellenbergs abgereist und der
offen ausgesprochene Wunsch der Fürstin, welcher die
noch immer in größter Gunst stehende Familie nicht
scheiden lassen wollte, hatte nur einen Aufschub von
wenigen Tagen zu erreichen vermocht. Der Graf
schien zwar nachgeben zu wollen, wenigstens in An=
sehung seiner Gattin, und hatte derselben in Gegen=
wart der Fürstin zugeredet, ihn für den Augenblick
mindestens allein nach Burg Ehben zurückkehren zu
lassen. Allein Gräfin Leonie hatte mit einer Art
von Heftigkeit diese Reden zurückgewiesen und „unge=
duldig und verdrießlich wie ein Kind" — äußerte
sich die Fürstin — die Betreibung der Abreise ver=
langt, so daß die Herrin beinahe ein wenig empfind=
lich aus jener letzten Soiree nach Hause gekehrt war.

„Sie wollen also wirklich fort, Gräfin?" fragte
sie, als Leonie einige Tage später sich von ihr beur=
laubte, und ihr glänzendes blaues Auge ruhte for=
schend auf der jungen Frau, die in sichtbarer Bewegung

vor ihr stand. „Ich will offen sein und sagen, daß ich es mir anders gedacht. Ich weiß nicht mehr, von wem ich einmal hörte, daß Ihnen der Graf Löwenberg nicht gleichgültig sei —"

„Hoheit!" stammelte Leonie.

„Und nun, da Serenissimus nachgab und ihn kommen ließ, nun gehen Sie?"

Die junge Frau war dunkel erröthet, was um so mehr auffiel, da die Vergnügungen des Winters die rosige Frische, welche ihr größter Reiz, dennoch zuletzt ein wenig beeinträchtigt hatten und sie neuerdings mehr blaß erscheinen ließen. Erst nach einer Pause sah sie auf mit einem schüchternen, unsicheren Blick, und leise sprach sie dazu: „Hoheit, wenn es wahr, wenn Ihr hoher Verwandter mir nicht gleichgültig — müßte ich dann nicht um so eher, um so entschiedener gehen?"

Einen Augenblick stand die Fürstin schweigend und mit noch prüfenderem Blick. Dann jedoch trat ein glänzendes, gütiges Lächeln in ihr Aug', und indem sie Leonie beide Hände hinbot, sagte sie: „leben Sie wohl, Leonie, und gönnen Sie's mir, daß ich mich schon jetzt auf Ihre Rückkehr freue. Sie sind mir theuer geworden, Gräfin." Und als Leonie sich über ihre Hand beugte, fügte sie hinzu: „nicht wahr, Sie besuchen mich einmal in Desirabe? Ich denke dort ein Paar Sommerwochen auszuruhen." Sie umarmte die Gräfin und küßte sie auf die Stirn — eine ganz ungewöhnliche Gunst.

Auf diese zeugenlose Scene mußten sich wohl die Worte beziehen, welche die Fürstin am Abend des Tags zur Derffen sagte, so daß die nahestehende Hermine sie vernahm: „reden Sie mir nichts mehr gegen die Gräfin, Marie. Ich habe heut Morgen von neuem erfahren, daß sie nur unsre Liebe verdient, um so mehr, als der Graf eines solchen Schatzes sich wirklich wenig würdig zu zeigen scheint."

Hermine hatte sich bescheiden zurückgezogen, da die Worte nicht für sie bestimmt sein konnten. Bezogen sich dieselben wirklich auf die abgereiste Cousine — auf Graf Robert schienen sie allem nach, was man neuerdings flüsterte, zu passen —, so mußten sie das Mädchen beinah' erschrecken. Ihr Urtheil über die früher so sehr geliebte Frau war ein anderes geworden, und die Neigung der Herzogin zu derselben mußte sie in diesem Sinn mit ernster Sorge beklagen. Ihr eigner Abschied von Leonien war kein herzlicher gewesen. Hermine hatte Kälte und Miß-

behagen um so weniger zu überwinden vermocht, als
sie bei der Cousine auf eine gewisse spöttische Lustig=
keit zu stoßen meinte, die sie nicht verstand, von der
sie aber nur um so mehr verletzt wurde.

Solche Gedanken und Empfindungen erfüllten
Hermine um so ernstlicher, je stiller und einsamer sie
heut Morgen sich in dem kleinen Salon fand, wo die
Dame vom Dienst sich aufzuhalten hatte, wenn die
Gebieterin ihre Gegenwart nicht verlangte. Sie hatte
hier gelegentlich auch Diejenigen zu empfangen, welche
eine Audienz bei der Fürstin erhalten hatten, auf den
Eintritt jedoch noch warten mußten, bis die hohe Frau
zu ihrem Empfange bereit war.

Allein, es war nicht das Angegebene allein, was
Hermine bewegte und sie die Abreise der früheren
Freundin nicht wie eine Erleichterung empfinden ließ.
Lucretia's Mittheilung hatte sie zu tief verletzt und
bestürzt, als daß sie dieselbe hätte vergessen sollen, und
so wenig das Mädchen auch von dem berührt wurde,
was etwa im Lande vorging und nicht ihre eigene
Theilnahme und Liebe, ihr rein persönliches Interesse
für die angebetete Herrin traf, so war sie doch zu
einsichtig, um zu übersehen, daß ein Plan, wie Lu=
cretia ihn erkundet haben wollte, unmöglich allein

stehen konnte. Vereinzelt war er nichts als ein frecher, obendrein alberner Einfall, konnte aber, wenn im Zusammenhange mit anderen Angriffen, für den Herzensfrieden der Fürstin und für ihre Stellung sogar eine Wichtigkeit gewinnen, die sich gar nicht überschätzen ließ. Es beruhigte das Mädchen nicht, daß bisher gar nichts zu bemerken gewesen, was der Ausführung des nichtswürdigen Planes günstig erschienen wäre. Nichts deutete an, daß die hohe Frau durch den gefährlichen Gast einen bedenklichen Eindruck empfangen hätte; im Gegentheil begegnete sie ihm sichtbar stets und überall mit der vollsten, ruhigsten, freisten Sicherheit der Fürstin. — Aber schon, daß Hermine sich zu solchen Beobachtungen gedrängt fand, war für das junge Herz eine fast unerträgliche Qual.

Und wiederum — auch hiemit war noch nicht erschöpft, was das schöne Kind aus seiner Glückesstille aufgescheucht hatte. Man hatte in den Hofkreisen neuerdings zu bemerken geglaubt, daß die Gnade, deren Eugen vom Fürstenpaare gewürdigt worden, nicht mehr im Zunehmen begriffen sei, sondern bereits Rückschritte mache. Man wollte von den übellaunigsten Aeußerungen des Herzogs gegen seinen Adjutanten wissen und von nicht minder ungnädigen Worten der Herzogin, wo diese sich, wie wir wissen, gelegentlich sogar einmal um die Militärangelegenheiten bekümmerte. Eugen selbst freilich hatte für der Schwester besorgte Fragen stets nur eine scherzende oder ungeduldige Antwort gehabt, allein Herminens eigene Augen hatten mehr als einmal erkannt, daß die Gebieterin sich gegen den Bruder verändert hatte: sie war jetzt die Fürstin für ihn, und selbst die Schwester vernahm von ihr keines der anerkennenden Worte mehr, die ihr früher für den Bruder so wohl gethan.

Aber auch in Bezug auf sich selbst fing das Mädchen an unsicher zu werden, und eine Veränderung zu argwöhnen, wenn auch weniger bei der Herzogin, als bei deren Umgebung. Gräfin Derffen hatte sich wirklich mehr als einmal geradezu unfreundlich gezeigt; Gaston, eine Art Liebling der Herzogin ließ sich neuerdings gegen Hermine zuweilen in einer Weise gehen, die sie zugleich erschreckte und indignirte; der Präsident Meigenbach, bekanntlich zugleich auch Kammerherr, erging sich in einer emphatischen Artigkeit, die man fast nur für spöttisch oder gar für beleidigend halten konnte; und Therese endlich hatte sich — Töne erlaubt, welche das junge Mädchen in die kälteste Ferne zurückscheuchten. Die Fürstin selber be-

theiligte sich, wie gesagt, an dergleichen nicht; aber
sie duldete es, rechnete das erwachte Mißtrauen, sie
wollte den früheren Liebling nicht stets mehr um sich
haben; noch vor einer Woche hätte Hermine diese
Morgenstunde schwerlich, wie eben, einsam im Dienst-
saale zu verbringen gehabt.

Es nützte dem armen Kinde wenig, daß Fräulein von Rausnitz, welche sich auch in diesen Tagen
als treue Freundin bewährte, dem Mädchen derartige
Besorgnisse als völlig nichtig ausreden wollte, auf
ihre lange und genaue Kenntniß der Gebieterin hin-
wies und von manchem zu sagen wußte, was die
hohe Frau augenblicklich zerstreute und mit Sorgen
erfüllte. Herminens Vertrauen blieb erschüttert. Sie
schaute nicht mehr mit dem heiteren, glückssicheren
Blick um sich her. Sie glaubte überall sich etwas
regen zu sehen, was sie um ihr Glück, ihren Frieden
zu bringen drohte, und selbst, daß Erhard den Bruder drunten ein paarmal in den wenigen Tagen aufsuchte und lange bei ihm verweilte, wollte ihr nicht
gleichgültig erscheinen. Was hatte der mit Eugen,
was Eugen mit dem zu verhandeln? Sie selbst fühlte
sich dem Jugendfreunde weniger entfremdet, als sie
gradezu eine gewisse Scheu vor ihm empfand, ohne

daß sie dieselbe grade bei diesem Namen nannte oder sich den Grund derselben klar zu machen wußte.

Sie saß einsam und still. Die Hand mit dem Buch, in dem sie zu lesen gedacht, war längst in den Schooß gesunken, und ihr Blick ruhte auf dem Theile des Parks und den Bäumen der breiten, ihn begrenzenden Chaussee, welche sich vor den Fenstern des Schloßflügels hinzogen, ohne im Grunde etwas davon zu sehen. Leben war da draußen nicht, die Mittagssonne brütete glühend, und an den Bäumen und Büschen regte sich kein Blatt. Und auch im Schloß war es so todtenstill, daß sie beinah erschrak, als sie plötzlich das Rollen eines Wagens vernahm, der drinnen über den Schloßhof fuhr, von dem zu anderen Zeiten nicht wohl irgend ein Geräusch bis zu dieser Zimmerreihe dringen konnte. Aber ihr Aufschauen war nur ein momentanes, im nächsten Augenblick lehnte sie sich von neuem träumend in ihren Sessel zurück; für sie war in jenem Rollen nichts Bemerkenswerthes. Sie wußte von keiner bei der Fürstin angesetzten Audienz.

Aber gleich darauf sah sie doch wieder auf und erhob ihre schlanke Gestalt ein wenig aus der bequemen Ruhe, denn die Thür, welche in ein kleines

Vorzimmer und durch dieses auch in den Empfangssalon der Herzogin führte, öffnete sich, ohne daß sie jedoch den Kommenden bisher zu erblicken vermochte, und die Stimme einer Dame sagte zu dem Kammerdiener: „lassen Sie, lassen Sie, Dankwart, ich habe keine Eile. Fräulein von Stillberg, sagten Sie? Da trete ich hier für einen Augenblick ein."

Hermine hatte sich erhoben — sie konnte die Stimme nicht wohl verkennen, denn es gab nur eine solche am Hofe, einen so tiefen und dennoch so glockenklaren Alt, und der nächste Moment zeigte ihr, daß sie sich nicht geirrt, denn die Thür ging vollends auf und Gräfin Blanche — diese war es — trat herein, dem Mädchen entgegen.

„Grüß' Sie Gott, Hermine," sagte sie mit jenem Zauber in Ton und Blick, dem selten oder nie jemand widerstanden haben sollte, und bot der jungen Dame ihre Hand. „Dankwart sagt mir, daß die Herzogin vermuthlich noch bei der Toilette sein werde — mir schon recht, denn ich ruhe mich gern einen Augenblick aus, es ist erstickend heiß. Nehmen Sie mich auf?"

„Erlaucht, es beglückt mich," versetzte die Angeredete mit tiefer Verneigung, vielleicht um ihr heißes Erröthen zu erklären — solche kleinen Künste lernen

sich bald; — denn in den Träumen, welche Hermine
bisher beherrscht, hatte auch Madame Gauche eine
Stelle gefunden. Sie sah jetzt nach der Uhr. „Kö=
nigliche Hoheit mögen sich freilich ein wenig verspätet
haben — Sie nahmen heut Morgen an einem Con=
seil bei Serenissimus Theil. Jetzt aber — ich dächte
doch, daß die Toilette beendet sein dürfte. Ich will
mich sogleich erkundigen —"

„Lassen Sie, Kind, lassen Sie doch!" unterbrach
Blanche, die sich inzwischen auf dem kleinen Divan
im Hintergrunde des Salons niedergelassen hatte, sie
freundlich. „Gönnen Sie mir den ruhigen Augen=
blick hier in der Kühle. Dankwart wird uns schon
rufen, wenn es Zeit ist." Und aufathmend fügte sie
hinzu: „es wird unerträglich in der Stadt — ich will
mich gleichfalls beurlauben."

„Sie gehen fort, Erlaucht?"

„Ja, liebes Kind, morgen, vielleicht heut Abend
schon, wenn der Prinz nicht noch hereinkommt. Ich
halt' es nicht mehr aus, und ich begreife die Herzogin
nicht, daß sie zwischen diesen glühenden Mauern
weilen mag. Gelt, Hermine, Sie sehnen sich auch
fort?"

„Das würde mir wenig nützen, Erlaucht," sagte

das Mädchen leicht die Achseln zuckend. „Und ich liebe unsere Gebieterin auch zu sehr," setzte sie lächelnd hinzu, „um mich nicht am wohlsten in ihrer Nähe zu fühlen. Freilich — Hindenburg soll wunderschöne Umgebungen haben."

„Ja, es ist schön dort zu dieser Jahreszeit," versetzte Blanche freundlich, „beinah, wie bei Burg Ehben, nur haben wir nicht so viel Wasser in der Nachbarschaft. Sie sollen das aber selbst kennen lernen, liebes Kind, wie ich hoffe. Denn der Prinz und ich wollen uns von der Hoheit die Ehre eines Besuchs erbitten, wie sie denselben ja auch Hellenbergs in Aussicht gestellt hat." Und plötzlich in ihren heitersten, von leisem Spott durchbebten Ton fallend, schloß sie lachenden Augs: „Madame Gauche ist ja augenblicklich einmal nicht in Ungnade."

„Erlaucht!" sagte Hermine leise.

„Weßhalb so erstaunt, Kind?" fragte die schöne Frau lustig; „wegen meiner Madame Gauche oder wegen der Ungnade?. Kind, ich bin keine Frau der Illusionen oder Umschweife! — Aber apropos Hellenbergs — ich bedauerte neulich Abend Sie nicht in Begleitung der Herzogin bei Leonie zu sehen —"

„Hoheit ließen mich frei. Eugen und ich hatten

einen Besuch bei alten Freunden verabredet," sprach das Mädchen ruhig, jedoch ohne zum mindesten aus ihrem Blick die Ueberraschung ganz verbannen zu können, welche jenes „bedauerte" der Dame hervorgerufen hatte.

Aber noch mehr erstaunte sie, als Blanche nun lebhaft fragte: „ah, bei den alten Morders? Wahrhaftig, Hermine, um die Freundschaft beneide ich Sie."

„Aber Erlaucht!" rief das Mädchen, außer Stande ihr Erstaunen zu verbergen.

Madame Gauche lachte. „Sie wundern sich, daß ich von dem wackern Alten weiß? Ei, liebes Kind, ich weiß von manchem, der solche Kenntniß am wenigsten bei mir sucht, und ich interessire mich für manchen — uneigennütziger, als man mir zuweilen zutraut. Aber davon wollt' ich nicht reden," brach sie ab, indem das dunkle Auge ihre Gesellschafterin mit seinem tiefsten und festesten Blick umfaßte, „sondern von Ihnen und Leonien. Nicht wahr, Hermine, Sie trafen sich neuerdings viel seltener mit unserer Verwandten als vorhem?"

Das Mädchen erröthete von neuem, aber sie nahm sich zusammen und erwiderte so leicht, wie es ihr möglich war: „Erlaucht wissen selber, daß mein Dienst mir bei weitem weniger Freiheit läßt — das ist indessen keine Klage. Ich fühle mich —"

„Oh, ich meinte auch nicht bloß seltener, sondern auch lange nicht so herzlich," fiel Blanche ein. Ihr Auge blickte schalkhaft.

Hermine fühlte sich freilich getroffen; in diesem Augenblick jedoch überwog die Empfindlichkeit über eine derartige — Indiscretion, wie sie es für sich hieß, und mit der vollen Hofdamenkälte, die man ihr hie und da zum Vorwurf machte, versetzte sie: „Erlaucht geruhen zu scherzen oder ich habe nicht das Glück, Sie —"

Sie brach ab, da die Thür geöffnet wurde und der Kammerdiener sich mit der Meldung zeigte, daß die Herzogin sich in ihren Gemächern befinde und dem Eintritt der Gräfin Hellenberg nichts mehr entgegenstehe.

Gräfin Blanche erhob sich. „Ganz recht, Dankwart, ich komme. Nur einen Augenblick." Und als er die Thür geschlossen hatte, nahm sie Herminens Hand und redete rasch und leise weiter: „Zum Comödienspielen haben wir keine Zeit. Daß ich mich nicht irre, sah ich und hört' ich eben wieder. Wenn diese Entfremdung den Grund hat, den ich voraussetze, so freue ich mich darüber. Wie Sie sind, mußte es dazu kommen. Und nun eine Warnung und einen Rath: nehmen Sie sich in Acht, man intriguirt gegen Ihren Frieden — ich kann nicht mehr sagen. Auf die Herzogin und Fräulein von Rausnitz können Sie, glaub' ich, bauen, sonst auf niemand am Hofe, es müßte denn —" sie lachte — „Madame Gauche sein. Mahnen Sie auch Ihren Bruder zur Vorsicht, es geht ihm, wie Ihnen. Er darf sich selbst durch absichtliche Angriffe nicht reizen, nicht verführen lassen, wenn er sich in seiner Stellung behaupten will. Adieu, Kind. Auf Wiedersehen in Hindenburg. Denken Sie einmal nach, ob ich wohl ein wenig Vertrauen von Ihnen verdiene — ich, die tolle Blanche. Glauben Sie's, dann säumen Sie nicht. Sie sollen sich nicht getäuscht haben."

Sie war schon aus dem Salon.

Hermine stand noch auf der gleichen Stelle, wo die Dame sie verlassen hatte und sah der Verschwundenen mit einem an Betäubung grenzenden Erstaunen nach. Was war das gewesen? Hatte Blanche Hellenberg wirklich zu ihr solche Worte gesprochen, sie, Madame Gauche, zu ihr, die sie bisher selten oder nie zu beachten geschienen, selbst da nicht, wo sie früher, im Winter, bei Leonien wohl zuweilen zusammengetroffen waren, zu Stunden, wo kein Fremder die Damen gestört? Es zuckte eine flüchtige Erinnerung durch den jungen Kopf an das, was sie neulich über die schöne Frau gegen den Bruder geäußert. Hatte sie das Rechte getroffen? War Blanche besser als ihr Ruf? Hatte sie ein Herz, hatte sie Theilnahme? Waren Ernst und Herzlichkeit ihrer letzten Worte nicht geheuchelt? Durfte sie für sich, für Eugen, die Warnung annehmen, und bezog sich dieselbe auf das, was ihr vor Blanche's Eintritt durch den Kopf gegangen war, oder gab es noch Anderes, Gefährlicheres?

Sie zuckte zusammen — die Thür ging von neuem auf und Dankwart flüsterte hinein: „gnädiges Fräulein — Erlaucht Lövenberg will Königliche Hoheit jetzt nicht stören und bittet einige Minuten bei Ihnen einzutreten zu dürfen."

Aus den reinen und edlen Zügen des Mädchens war der Schatten, der sie bei dieser Meldung überflogen, noch nicht entwichen, als der Angekündigte bereits vor ihr stand und bevor sie es zu verhindern im Stande war, ihre Hand erfaßte und leicht an die, durch den kleinen dunklen Bart überschatteten Lippen zog.

„Dies ist der erste erfreuliche und glückliche Moment in unserer Bekanntschaft, Baronesse," sagte er, indem er ihre Finger leicht aus den seinen gleiten ließ, mit einem Blick und Ton, in denen Hermine neben der vollkommenen Höflichkeit des vornehmen Mannes etwas zu finden meinte, was sie wirklich nur mit dem Ausdruck „froh" zu bezeichnen vermochte; „es wurde in der That aber auch Zeit zu diesem Moment, und ich segne daher den Einfall der Gräfin, der sie heut vor mir zu meiner Cousine führte. Geht's uns nicht seltsam, Baronesse?" redete er auf des Mädchens schweigende Verneigung ungezwungen weiter: „damals im Winter, wo wir uns zufällig bei Gräfin Leonie trafen, versäumte sie's uns bekannt zu machen —"

„Sie holte es am nächsten Morgen nach, Erlaucht," fiel Hermine nicht ohne Spott ein.

„So? That sie das? Unter meinem wahren Namen? Sie waren freilich sehr vertraut mit der schönen Dame — verwandt sogar, glaube ich?"

„Auch das, Erlaucht, allein bis zu Ihrem wahren Namen reichte die Vertraulichkeit nicht. Sie wurden mir als Jugendfreund und beinah verschollener Cousin genannt."

Graf Baler lachte. „Ah, als Otto Welzheim also! Fast ein wenig choquant und doch auch wieder schmeichelhaft — ganz die schöne Dame, ganz! Sie kennen die Carriere dieses geliebten unglücklichen Vetters ein wenig, Baronesse?"

„Ich bedauere, Herr Graf," sagte sie kühl.

„Tant mieux, Baronesse! Außer einer zarten Jugendepisode ist wenig genug Interessantes dabei — in Ihrem Sinn! — Aber — was haben Sie nur gedacht, als Sie mich neulich bei meinem wirklichen Namen nennen hörten?"

„Das Richtige, glaub' ich, Erlaucht," erwiderte sie wie vorhin, denn sein Ton fing an ihr zu mißfallen. „Man sprach im Winter davon, daß Sie einigemale incognito hier verweilten, und kannte auch den Grund dieses Incognito."

„Ja," sagte er ernster und mit einem beinah treuherzigen Blick, „es war keine gute Zeit. Die Strenge meiner Verwandten, obgleich ich sie allerdings zum Theil herausgefordert haben mag, betrübte mich und war mir obendrein auch um dessentwillen höchst empfindlich, weil ich hier wirklich unaufschieb=

bare Geschäfte hatte. Ich kam also auf die Gefahr eines furchtbaren Eclat's her, um zu sondiren, beizulegen, meine Geschäfte zu besorgen. Das erstere führte leider nur zu der Einsicht, daß nichts zu machen sei und ich allen Grund zur Vorsicht habe. Es waren ein paar peinliche Tage, mein Fräulein," fügte er kopfschüttelnd hinzu, „und zwar um so peinlicher, je mehr ich erkannte, daß ich selbst die alten Freunde nur in Verlegenheit brachte — erinnern Sie sich an den Zustand der Gräfin Leonie? Wahrhaftig, Ihre Erscheinung in Ihrer ruhigen, klaren Haltung, die selbst Ihrer Cousine Unruhe bezwang, war der einzige Lichtpunkt in diesem Chaos von Verdruß, Enttäuschung und Unbehagen. Ich war entzückt, da ich Sie jetzt in der Nähe meiner Verwandten fand — es war mir wie eine gute und tröstliche Vorbedeutung, und das einzige Peinliche für mich war, daß jene unglückliche, wirklich ziemlich überflüssige Geheimnißkrämerei der Gräfin mich Ihnen im falschen Licht erscheinen lassen mußte. Ich wünschte mich Ihnen sogleich zu erklären — und nun sind beinah acht Tage vergangen, ohne daß ich Ihnen zu nahen vermochte. Ich sagte es wohl: es geht seltsam mit unserer Bekanntschaft, Baronesse!"

Er saß vor ihr auf einem herbeigezogenen Stuhl, die Gestalt leicht an die Lehne zurückgesunken, das dunkelumlockte Haupt mit den edelschönen Zügen ein wenig vorüber geneigt, und die nicht minder dunklen großen Augen mit dem Ausdruck der Treuherzigkeit, ja beinah der Herzlichkeit auf sein anmuthiges Gegenüber gerichtet. Hermine konnte sich nicht verhehlen, daß der Eindruck, den seine früheren kecken Worte auf sie gemacht, mehr und mehr sich verlor. Was sie eben vernommen hatte, sprach sie durch seine Einfachheit und Offenheit, durch ein gewisses Gepräge der Wahrheit auf das freundlichste an. Und als er nach einer kleinen Pause nun sagte: „und dennoch war mir diese Erklärung von der größten Wichtigkeit, da es mir unmöglich gleichgültig sein konnte, ob Sie sich freundlich oder feindlich gegen die Herzogin über mich äußerten," — da gab sie ihre Erwiderung nicht als banale Redensart, sondern mit wirklichem Gefühl hin: „Sie sind sehr gütig gegen mich, Erlaucht, aber Sie überschätzen meine Stellung und meinen Einfluß. Von einem solchen ist keine Rede."

„Von dem, was die Hofleute so heißen, vielleicht nicht, mein Fräulein, Sie sind zu grade und zu edel dazu; aber eine Natur wie die Ihre, wirkt grade weil sie so ist, desto mächtiger und unwiderstehlicher. Ich habe das auch hier bestätigt gefunden und bin entzückt darüber gewesen — meine hohe Cousine liebt Sie, Baronesse —. werden Sie nicht roth! — ja, liebt Sie und vertraut Ihnen unbegrenzt, — gönnen Sie ihr das, es ist ein Glück für sie! Denn die Fürstin ist in keiner beneidenswerthen Lage, und trotz des Glanzes, mit dem sie sich umgeben hat, und trotz ihrer anscheinenden Heiterkeit, hat sie wenig Freude und Glück. Sie ahnen das wohl."

Hermine saß ihm in einer Befangenheit gegenüber, welcher sie nicht Herr zu werden vermochte. Halb fühlte sie sich beschämt, halb geschmeichelt und beglückt, und dennoch mischte sich in die eine, wie in die andere Empfindung etwas wie eine Art von Scheu vor dem Sprecher und seinen Worten — was bezweckte er mit Ihnen grade bei ihr, dem einfachen, für ihn, in seiner Stellung durchaus gleichgültigen Mädchen, das sich selbst das Zeugniß ausstellen durfte, niemals einen Einfluß erstrebt und nie, so viel sie wußte, einen besessen zu haben, — er, der glänzende, übermüthige, rücksichtslose Graf Löwenberg, von dem selbst dem Mädchen manches zu Ohren gekommen war, vor dem ihre Reinheit zurückbebte, und ob:n.

drein der Freund derjenigen Familie, in welcher es ihr seither unheimlich geworden? — Oder war das alles so ehrlich, wie es offen war?

Es war fast, als hätte er ihren Gedankengang aus ihren Zügen gelesen, denn plötzlich sagte er lebhaft: „Sie sind erstaunt über meine unumwundenen Worte. Aber ich bin ein offener Mensch, und wer hinter dieser Offenheit, wie es mir leider nur zu häufig begegnet, einen versteckten Sinn sucht, thut mir bitter Unrecht. Im Allgemeinen ist mir das sehr gleichgültig — was frage ich nach den Thoren? Aber von Ihnen würd' es mir weh thun — Sie stehen nicht bloß in meinen Augen hoch über dieser Gesellschaft; schon als Tochter Ihres trefflichen Vaters —"

Nach einer Pause sagte sie aufblickend, leise: „Sie haben meinen seligen Vater gekannt, Erlaucht?"

„Wer im Lande hat den alten Rittmeister nicht gekannt, den ächten Edelmann? Es ist traurig für mich, mein Fräulein, traurig, daß er mich nur als tollköpfigen jungen Menschen kennen gelernt und nachher nur durch das Gerücht von mir erfahren. Ich hab' ihn im Herzen verehrt und das Unrecht seiner Zurücksetzung beklagt. Und auch das beglückte mich

damals, in Ihnen seine Tochter kennen zu lernen.
Und es war ein Triumph für mich, als ich erfuhr,
daß die neue Herrschaft ihm gnädig gewesen und an
seinen Kindern gut zu machen suchte, was die vorige
an ihm gesündigt. Offen heraus, es sind hier wun=
derliche Dinge vorgegangen, manche Fehlgriffe, glaube
ich. Aber Ihren Bruder und Sie heranzuziehen, das
war ein Glücksgriff."

„Erlaucht!" sagte Hermine ablehnend.

„Es ist so, Baronesse! Ich hab' es meiner
hohen Cousine gesagt, sie erkennt es aber auch an,
obgleich sie an Ihrem Bruder den übergroßen Ernst
bedauert. Und sie hat nicht Unrecht, wenn vielleicht
auch in anderem Sinne, als sie es meint; wie der
Herzog — der arme Schelm, möcht' ich fast sagen,
nun einmal ist, müßte er in seiner traurigen Weise,
in seiner finsteren Abgeschlossenheit nicht noch bestärkt
werden. Im Gegentheil, er muß heraus, hinein in
die glänzenden, munteren Kreise, wie die Herzogin sie
um sich zu versammeln versteht, wie auch er sie sonst
liebte. Ich bin erschrocken, wie er sich verändert hat,
und es scheint mir ein Unrecht, daß man ihn ge=
währen läßt. Glauben Sie mir, er war ein Mann
von Geist, voll Lebenslust und Kraft, ein treues und

zugleich heiteres Herz, voll Theilnahme und Verständniß für alles Schöne und Gute. Sollte das alles dahin sein? Und dennoch hat er sich für die Gräfin Leonie freundlich interessirt, wie ich höre; dennoch nimmt er Theil an Ihnen in herzlicher Weise. Das spricht sehr gegen die Rettungslosigkeit seines Zustandes. Es käme sicher nur darauf an, ihm sein Interesse leicht zu machen, ihn nicht zurücksinken zu lassen. Es wäre ein Segen für uns alle. Die Herzogin könnte es sicher — aber freilich — doch über diesen Punkt gebührt mir kein Wort."

Hermine war lautlos. Sie wußte im wörtlichsten Sinne des Worts nicht, was sie von dem allen denken, geschweige denn, was sie dazu sagen, darauf erwidern sollte.

Dem Grafen Baler schien es indessen fast ähnlich zu ergehen. Er fuhr sich über die Stirn. „Mon dieu, wohin hab' ich mich verplaudert!" sagte er. „Aber Sie müssen daraus erkennen, wie wahrhaft ich Sie verehre —"

„So daß Sie darüber ganz den ersten Zweck Ihres Besuches vergaßen — oder war dies der Hauptzweck desselben, Cousin?" unterbrach ihn plötzlich die Stimme der Fürstin, welche in der offenen Thür stand und mit lächelndem Blick auf das schnell sich erhebende Paar schaute. „Sie sind ein gefährlicher Mann, Erlaucht! Sogar meine pflichtgetreue Kleine wissen Sie bei der ersten Begegnung zu bezaubern."

„Königliche Hoheit!" stammelte Hermine, wie mit Blut übergossen.

„Nicht so tragisch, mein Kind!" sagte die hohe Frau heiter. „Ich hoffte nur Sie nach dem Conseil wieder bei mir zu sehen; allein — wie ich sagte!"

„Königliche Hoheit, ich habe keine Ahnung gehabt, daß mir diese Erlaubniß geworden war," versetzte das Mädchen sichtbar bestürzt.

„Nicht so ernst, Kind, sage ich! Fangen Sie doch nicht auch an, wie Ihr Bruder, mit dem sich gar kein leichtes Wort mehr sprechen läßt. Immer Geschäftsmann — hu! Er macht mir das Leben schwer, sag' ich Ihnen. Aber," fügte sie hinzu, und über das edle Gesicht zuckte ein bei der hohen Frau sehr ungewöhnliches, ganz herzliches Lächeln, „ich hab' mich dafür revanchirt und den Herrn Major ein wenig geärgert. Serenissimus hat mir heut zugegeben, daß es hier im Schloß unaushaltbar wird, und da der Degenberg selber zu weit ist, gehen wir in den nächsten Tagen für einige Zeit nach Desirade. — Der

Herr Adjutant wird für diese Wochen vom persönlichen Dienst entbunden und bleibt dem Militärkabinet gewidmet. Er darf nach dem Vortrage nur dann bei uns bleiben, wenn er ganz artig und munter ist. Freuen Sie sich, Kind — wir wollen heiter sein! — Kommen Sie zu mir hinüber."

Und sie wandte sich und schritt in ihre Gemächer zurück, den stumm Folgenden voran.

Siebenundzwanzigstes Capitel.

Neue Angriffe und glänzende Revanche. Patriotische Sorgen und geschwisterliche Zänkereien.

Denn wenn selbst der gewandte und muntere Graf Valer sich durch das plötzliche Erscheinen der hohen Frau und noch mehr durch die besondere Mischung von Scherzhaftigkeit und Güte, von fast herbem Spott und deutlich hervortretendem, starrem Eigenwillen, sehr gegen seine Gewohnheit hatte überraschen und ein=schüchtern lassen, so fand dies begreiflicherweise in bei weitem erhöhtem Maße bei Herminen statt. Das junge Mädchen hatte sich, seit sie sich in der Nähe der Fürstin befand, noch nie so niedergedrückt gefühlt und noch nie so wenig heimisch in den prächtigen Ge=mächern, wo sie nun verweilte, in dem kleinen vor=nehmen Kreise, der sich jetzt allgemach hier zusammen fand. Die beiden Menschen, deren Anwesenheit ihr unter diesen Umständen tröstlich gewesen sein würde, fehlten heute — Eugen, der sich überhaupt häufig von der Tafel dispensirte, und Bertha von Rausnitz, welche in Familienangelegenheiten für einige Tage verreist war; und die Aufmerksamkeit, die der Präsident Reigenbach ihr erwies, war ihr heut nicht wie sonst mehr oder weniger gleichgültig, sondern vielmehr wirklich eine Pein, weil sie den Ansprüchen einer solchen Unterhaltung weniger als je zu genügen vermochte. Ja es war ihr fast die Art von Nichtbeachtung willkommen, mit der die übrigen Mitglieder der Gesellschaft sie sich selbst überließen.

Die Herzogin hatte, seit sie ihre anfängliche uns bekannt gewordene Verstimmung überwunden und, um den Ausdruck zu gebrauchen, ihre Stellung sich bequem gemacht, die Anordnung getroffen, daß diejenigen, welche an der Mittagstafel theilnahmen — gewöhnlich ein nicht großer Kreis — sich einige Zeit vorher in dem Salon versammelten, der an das sogenannte „Boudoir" der hohen Frau stieß. Sie selbst weilte dann, wenn er sich früher einfand, mit ihren Gemahl und der Gräfin Derffen in diesem letzteren Raume, während indessen die Thür zum Salon geöffnet war. Einer von den Pagen hatte seinen Posten an dieser,

um, wenn die Fürstin jemand von den Anwesenden
etwas zu sagen hatte, diesen zu ihr zu bescheiden.
Nicht selten freilich rief sie selbst den Gewünschten
ohne viel Ceremonie herbei, indem sie in die Thür
trat, oder auch wohl ein paar Schritte in den Saal
hinein machte. Ihrer Umgebung war es längst nicht
mehr neu, daß Herzogin Leopoldine niemals lange auf
dem gleichen Platze blieb und überhaupt nicht viel saß.
Wir wissen schon, daß die Herzogin einerseits
außerordentlich eifersüchtig, ja gelegentlich mit Härte
auf ihre Würde und die gebührende Ehrfurcht hielt,
andrerseits aber sich — auch gelegentlich — außer=
ordentlich wenig an die einmal eingeführte Etikette
band, vielmehr diese Schranken gar nicht selten in
einer Weise durchbrach, die der alten Excellenz Lohr,
wenn sie davon erfuhr, jedesmal eine Art von Schauder
erregte und selbst die Gräfin Derffen noch kälter und
zurückhaltender erscheinen ließ, als sie sich für gewöhn=
lich zu zeigen gewohnt war.

„Ich sehe mich um — aber den ich suche, find' ich
nicht," lispelte Reigenbach, der von neuem zu Her=
minen getreten war, mit einem kleinen Schütteln seines
Hauptes. „Mein gnädiges Fräulein — Ihr Herr
Bruder — beglückt er uns heute nicht?"

„Sie fragen mich mehr, als ich weiß, Herr Baron," entgegnete sie kalt. „Ich habe meinen Bruder heut noch nicht gesehen. Da er indessen jetzt noch fehlt, werden Sie ihn allerdings vermuthlich heut nicht hier finden."

„Betrübt — betrübt! — Dispensirt sich oft freilich — begreiflich, ernste Geschäfte — so gewissenhaft," flüsterte der Präsident in seiner gewöhnlichen verschluckenden Weise. „Nur heut — wo das dumme Gerücht — lächerlich freilich, hi! — Aber doch — muß davon erfahren haben! — nicht vorsichtig —"

Ihr blaues Auge ruhte fest auf ihm mit kaltem, stolzem Blick. „Ich habe nicht das Glück Sie zu verstehen, Herr Präsident," sagte sie nach einer Pause."

Er zuckte die Schultern so etikettenwidrig, daß der goldgestickte Kragen seiner Uniform fast an die Ohren stieß. „Unsinn — unzweifelhaft! Jedenfalls, selbst wenn wahr — Bagatelle, zumal, wo die liebenswürdige Schwester unveränderter Liebling unserer erhabenen Gebieter. Gleich gesagt, leicht applanirt, wenn es nur wissen."

Ihre Augen waren vielleicht ein wenig dunkler geworden und auf ihren Wangen erschien eine leise Röthe; allein ihre Züge blieben unverändert kalt und auch ihre Stimme hatte den früheren Klang, da sie erwiderte: „Ich habe es schon gesagt, Herr Baron, daß ich nicht eine Silbe von Ihren Worten verstehe."

Er zuckte die Achseln von neuem und ebenso hoch. „Also richtig, nichts erfahren! Peinlich für mich, gnädiges Fräulein, allein treuer Freund und Verehrer — Pflicht, mein Fräulein! — Major soll Serenissimo und Königlichen Hoheit opponirt haben voll Einsicht und Hartnäckigkeit. Höchste Herrschaft ganz ungeduldig geworden — davon gesprochen, daß den Posten aufgeben — auf Reisen gehen — kleine Mission — c'est ridicule! Zu beliebt — zu klug! Gnädiges Fräulein —"

„Fräulein von Stillberg!" tönte in diesem Augenblick von der Thür des Boudoirs her die Stimme der Herzogin, trotz ihrer Gedämpftheit bei der unter den Anwesenden verhältnißmäßig leise geführten Unterhaltung doch völlig vernehmbar. Und da Hermine sich rasch der hohen Frau genaht hatte, fuhr diese mit einem freundlichen Blick in das erglühte Gesicht des Mädchens, auf der gleichen Stelle und in gleichem Tone fort: „was giebt's mein Kind? Hat der Herr Kammerpräsident Sie allzu lebhaft unterhalten? Darf man nicht ein wenig Theil nehmen, mein Kind?"

„Königliche Hoheit, ich hatte leider das Unglück, den Herrn Baron nur sehr unvollkommen zu verstehen", sagte das Mädchen nicht ohne eine kleine Bosheit, da bei der eingetretenen Stille auch ihre Worte von Jedermann gehört werden mußten.

„Ei, geht es Ihnen auch so?" fragte die Fürstin mit einer Art von erstauntem Lächeln. „Ich dachte, darüber hätten nur Serenissimus und ich zuweilen zu klagen." Und nachdem sie nach diesen entsetzlichen Worten einen Augenblick inne gehalten, fügte sie wohlwollend hinzu: „kommen Sie, mein liebes Kind. Graf Valer fragte nach einer Affaire, bei der Ihr seliger Vater sich besonders auszeichnete. Ihr Bruder ist auf meinen Wunsch nach Desirade geritten. Vielleicht können Sie uns Auskunft geben."

Und der Herzog, der am Kamin stand und den Arm auf den Sims desselben gestützt hatte, nickte ihr ungewöhnlich gnädig zu und sagte in einem Ton, daß derselbe die Zuhörer fast noch mehr überraschte als die Worte: „so, so, Trauer abgelegt? Freut mich, junges Blut noch munter sein, braven Vater doch nicht vergessen. Freut mich, würde auch den Obersten gefreut haben — jovialer Kamerad und Mann, und brav wie Bayard. — Also, Cousin, Ihre Frage."

Die Satisfaction war glänzend; das junge Mädchen hatte auf eine — es schien ihr selbst — so wohlfeile Weise nicht bloß die frühere bevorzugte Stellung völlig wieder eingeräumt erhalten, sondern war vor den schärfsten und aufmerksamsten Augen des Hofes in einer Weise zum Liebling beider Herrschaften erklärt worden, bei der es kein Zweifeln, kein Widerstreben gab. Und nicht minder überraschend war für den kleinen Kreis der — Spott gewesen, durch den der Präsident niedergeschmettert wurde. Man sah sich bestürzt an.

Und indem wurde die Ueberraschung noch gesteigert, da die Herzogin jetzt zu ihrer Dame freundlich sagte: „begleiten Sie uns mein Kind!" — Denn die höchsten Herrschaften pflegten zur Tafel den Weg durch die inneren Gemächer der Herzogin zu nehmen, während die übrige, im Salon versammelte Gesellschaft sich über den Corridor in die Speisesäle zu begeben hatte.

Beruhigt fühlte sich Hermine, ja sie war Mädchen genug, um sich geschmeichelt und voll einer gewissen Genugthuung über das Vorgefallene zu finden, und daß sie auch Eugens wegen ruhig sein zu dürfen schien, machte sie beinah glücklich. Was sie in Betreff

der Stellung ihres Bruders selber neuerdings beobachtet,
und was sie nun aus Reigenbachs Geschwätz heraus=
gehört hatte, war ihr bis ins Herz gedrungen, viel
tiefer als sie es dem Zuträger gezeigt. Und sie mußte
in sich einen besseren Grund für diese Sorge, als
denjenigen, den mancher Leser ihr vielleicht zutrauen
dürfte. Es war bei weitem weniger die sehr verzeih=
liche kleine Eitelkeit auf die Auszeichnung, die dem
Bruder und ihr geworden, welche sie zurückschrecken
ließ vor dem Gedanken, daß sie beide wieder ins
Dunkel zurückgeschoben würden; nein, sie liebte ihren
Bruder, und sie freute sich seiner Auszeichnung mehr
als der eigenen, und sie wußte, daß es für ihn, trotz
seiner tiefen — Verstimmung hieß sie es kurz —,
ein schwer zu überwindender Schmerz sein würde,
wenn er sich aus seiner Stellung verdrängt sehen
sollte, in der er der Herrschaft, die er verehrte, nicht
minder als dem Lande die treusten Dienste leisten
konnte. Denn er war in der letzten Zeit vom Her=
zog so mit den Geschäften des Militairdepartements
betraut worden, daß im Grunde alles durch seine Hand
ging und für die eigentlichen, zum Theil höher
stehenden Beamten so gut wie nichts auszuführen,
geschweige denn zu bestimmen blieb.

Die Genugthuung, die sie für sich und den Bruder erhalten hatte, konnte ihr indessen die Träume und Sorgen nicht nehmen, die wir am Morgen sie erfüllen sahen, konnte ihr die sorglose Sicherheit nicht wiedergeben, nicht die reine Freude über die Gnade und Zuneigung der Gebieterin, die das Leben ihr bisher so leicht gemacht. Im Gegentheil, grade diese Sicherheit und Freude schienen ihr immer ferner entweichen zu wollen, denn aus der Genugthuung selbst, welche das fürstliche Paar ihr so öffentlich geboten, mußte sie wohl erkennen, daß man dieselbe für nöthig gehalten hatte und daß ihre Stellung gefährdet gewesen war — ohne daß sie begriff, ob durch eigene oder fremde Schuld.

Und dazu kam nun die Erinnerung an das, was Gräfin Blanche zu ihr geredet, und vor allem anderen drängten die Offenbarungen — sie wußte kein anderes Wort — und Andeutungen auf sie ein, zu denen sich Graf Baler gemüssigt gefunden. Was konnte ihn dazu veranlaßt haben, was konnte er damit bezwecken wollen? fragte sie sich. Was wandte ihr mit einemmale auch von seiner Seite eine Aufmerksamkeit, ein Vertrauen zu, für welche sie, das immerhin einfache und schlichte Mädchen, sich nicht einen Grund zu sagen vermochte? Ob man in den Hofkreisen ihr wohl oder übel wollte, darüber konnte dennoch dort kein Zweifel herrschen, daß sie, um dies zu wiederholen, niemals einen Einfluß erstrebt und nie einen besessen, der für irgend einen Dritten hätte von Bedeutung werden können; daß sie sich niemals in eine Angelegenheit gemischt, die mit ihrer Stellung nicht im Zusammenhange gewesen; daß sie sich nie an einer von den kleinen Intriguen betheiligt, wie sie in solchen Verhältnissen nun einmal stets auf der Tagesordnung stehen.

Dergleichen war ihr auch niemals zugemuthet worden, glaubte sie, und sie wähnte sich einfach nur als ein junges Mädchen angesehen, welches das Wohlwollen seiner Fürstin mit Liebe und Treue vergalt und sich sorglos dem ihm gebotenen heiteren und glänzenden Leben überließ. Und nun mit einemmal sollte sie von allen Seiten erfahren, daß sie sich völlig getäuscht und sie eine Wichtigkeit besitze, von der sie nichts geahnt, und sie sah sich plötzlich von Andeutungen und Zumuthungen bestürmt, die sie, so fern, wie sie bisher all den berührten Zuständen und Verhältnissen selbst in Gedanken geblieben war, bisher gar nicht einmal verstand. Und daß sie dieselben

nicht wie etwas von sich abgleiten ließ, das ihr nur
durch ein Mißverständniß oder durch Zufall oder um
eines für sie und ihre Sinnesart wenig paſſenden
Zwecks willen geboten wurde, dafür ſorgte nicht bloß
ihre eigene augenblickliche Stimmung, ſondern auch
und noch mehr die Perſönlichkeit der beiden Vertrau-
enden, der Gräfin Blanche ſo gut, wie des Grafen
Valer. Der Letztere beſonders hatte, wie manches
auch in ſeiner Weiſe ſie fremd berührte, doch zumal
in der ohnehin bewegten Stunde einen tiefen Eindruck
auf Hermine gemacht.

Das Herz war ihr ſchwer und der Kopf that
ihr weh, und ſie athmete tief auf, als ſie nach der
Tafel ſich von der Herzogin auf einige Stunden entlaſſen ſah, ſie bedurfte der Ruhe und Einſamkeit ihres
ſtillen, kühlen Zimmers. Aber ſie gab ſich derſelben
dennoch nur eine kurze Zeit hin, da ſie in dieſer
Ruhe grade ihre Zweifel und Sorgen nur peinlicher,
ſich immer erregter werden fühlte, und als ſie ſich
verſichert hatte, daß ihr Bruder von dem Ausfluge
nach Deſirabe bereits zurückgekehrt und allein ſei,
ſchlüpfte ſie raſch entſchloſſen zu ihm hinab. Sie
hatte das Glück, jemand zu beſitzen, vor dem ſie nicht
auf der Hut zu ſein brauchte, von dem ſie, wenn auch

nicht viel Eingehen, doch eine uneigennützige Theilnahme erwarten durfte, selten bisher so tief empfunden, wie in diesem Augenblick. Und selbst wenn sie durch die gleichgültigste Unterhaltung von dem abgezogen wurde, was sie verwirrte und peinigte, so konnte ihr das genügen.

Allein grade dieser bescheidene Wunsch schien ihr am wenigsten erfüllt werden zu sollen. Eugen war sichtbar abgespannt und noch weniger heiter als je, daneben aber auch von einer Zerstreutheit, welche ihn selbst den Mittheilungen über die Begegnisse des Tages, zu denen das Mädchen allgemach überging, nur eine sehr zweifelhafte Aufmerksamkeit schenken ließ. Was er über Gräfin Blanche erfuhr, schien allerdings sein Nachdenken zu erregen, doch äußerte er sich darüber nicht; was Hermine von dem Gespräch mit dem Grafen Baler erzählte, veranlaßte ihn nur zu einem ziemlich verächtlichen „Geschwätz, Kleine! Die helle, geistlose Langeweile, verlaß dich darauf!" — und erst, da sie jener Scene vor und im Boudoir der Fürstin und der Äußerungen des herzoglichen Paares gedachte, schien, wenn auch nur für einen Augenblick, sein Interesse zu erwachen. Er blieb vor ihr stehen, sein Auge ruhte auf ihr mit einem zugleich

bewegten und träumerischen Blick und seine Brust
hob sich unter einem tiefen Athemzuge. Dann wandte
er sich aber, etwas vor sich hinmurmelnd, das sie
nicht verstand, schon wieder ab, und was sie nun
von sich und ihm, von den eigenen Sorgen und
Träumen sprach, sah sie von ihm in einer Weise auf=
genommen, daß sie nicht zu entscheiden vermochte, ob
er es überhaupt nur gehört.

Dieser Zustand wurde ihr für ihn und sich selbst
zuletzt unerträglich. Sie brach mitten in ihrer Rede
ab und sprang plötzlich zu ihm; sie umschlang ihn und
sah ihm mit drängender Zärtlichkeit in die finsteren
Augen. „Eugen, mein liebster Bruder!" bat sie, den
Blick von aufsteigenden Thränen verschleiert, „sei ein
einzigmal offen gegen mich! Sprich einmal aus, was
auf dir lastet und dich so furchtbar niederdrückt! Rath
kannst du von mir nicht erwarten, aber Theilnahme
und Trost, und wär' es auch nur der, daß du einmal
dein Herz ausschütten, deine Sorgen mit einem anderen
Herzen theilen kannst. Du darfst nicht unterliegen in
dieser Einsamkeit!"

Sein Auge ruhte mit trüber Innigkeit auf ihr,
aber schon in der nächsten Sekunde wurde sein Blick
wieder düster und kopfschüttelnd versetzte er: „das ist

nichts für dich, Hermine. Danke du Gott, daß du als Frau mit diesen Sorgen nichts zu thun hast. Sie werden selbst für uns Männer fast zu schwer."

Aber sie ließ nicht nach mit Bitten und Schmeicheln, mit Zärtlichkeit und Liebe, und wenn er sich auch zu keinen wirklichen zusammenhängenden Mittheilungen verstand, so kam er doch nach und nach und unwillkürlich zu Aeußerungen, die ihr wenigstens einen Einblick in seinen Zustand und in das eröffneten, was ihn bewegte. Sie erfuhr hier zu ihrer großen Ueberraschung, wie übel es im Lande aussah, wie das gesammte, ruhige, ja bisher ziemlich indifferente Volk in immer weiteren Kreisen von wachsender Mißstimmung ergriffen wurde, welche selbst Leuten, die wie Eugen den höchsten Personen nahe standen oder die ersten Stellen in der Verwaltung einnahmen, durch zahlreiche, von oben ausgehende Mißgriffe und Willkürlichkeiten erklärlich, ja gerechtfertigt erschien. Es geschah nichts, die billigen Erwartungen und Wünsche des Landes zeitgemäß zu befriedigen, ja im Gegentheil manches, was sie gradezu zu verhöhnen schien. Der am Hof herrschende und von ihm nirgends beschränkte Aufwand wurde dem Volke schon jetzt in neuen Steuern und Lasten empfindlich, die obendrein der ständischen Zustimmung entbehrten und gelegentlich bereits zu den bedenklichsten Scenen mit den sich Widersetzenden geführt hatten. „Von den Ständen," hatte der Herzog einmal geäußert, „weiß ich nichts und will ich nichts wissen. Ich bin allein euer Herr." — Jetzt war obendrein von der Gründung noch eines neuen Truppentheils, von Kasernenbau, neuer Uniformirung und Bewaffnung und wer weiß, wovon noch sonst die Rede, und Eugens und anderer getreuer Männer Widerstand war auf das ungnädigste zurückgewiesen worden. Und um das Maß voll zu machen, hatte man in den letzten Tagen sich auch zur Ausgabe von Papiergeld entschlossen, was wiederum ohne die Zustimmung des Landtags nicht geschehen durfte und überdies um so bedenklicher erscheinen mußte, als nirgends sicherstellende Reserven vorhanden waren.

Und dies alles mußte für das Land um so bedenklicher erscheinen und um so empfindlicher werden, als man die Stellung, welche der Herzog, und diejenige, welche die Herzogin in der Regierung einnahm, sehr gut kannte und, grade je schlichter und einfacher die Menschen waren, desto entschiedener und verstimmter mißbilligte. Mißtrauen und Mißwollen wuchs ins Ungemessene gegen alles, was von oben kam. Es war eben freilich in ganz Deutschland leider nicht anders.

„Da haſt du nun ſo etwas, Kind,“ ſagte Jugen zum Schluß mit ſorgenvoller Miene. „Das iſt es, was mir das Herz noch ſchwerer macht, als den Uebrigen, denn ich ſtehe dieſen Dingen leider näher als irgend ein anderer. Mein Widerſtand macht den Herzog unwirſch und die Herzogin verdrießlich, allein, daß ich nicht von ihm laſſen kann, und daß ich auch in meiner Stellung aushalten muß, mag ſie mir zuweilen noch ſo ſchwer werden — das ſiehſt du wohl ein. Ich will nicht von meinen Pflichten gegen das Land reden, ſondern nur von meiner Theilnahme für unſere Herrſchaft. Ohne mich iſt ſie ganz in den Händen der Treuloſen und Sinnloſen — es iſt leider nicht ein Menſch von Ehre und Verſtand da, dem ſie auch nur ſo viel Gehör gönnten wie mir, dem jungen und obendrein häufig genug viel zu unerfahrenen Mann. Ich verzage zuweilen,“ redete er ſtets in der gleichen Weiſe weiter. „Der Herzog — ich ſage nichts von ihm, als daß er krank iſt. Die Herzogin, — ja, ſie hat die Einſicht, die Fähigkeit, die Kraft; aber es ſpuken in ihr die alten böſen Geiſter des Fürſtenſtolzes, der Regierungsluſt, und wo diese sie einmal frei laffen, reißt ihr Temperament sie fort, ihre — Lebensluft. Es steht uns in Deutsch= land eine schwere Zeit bevor. Bei uns kann es die der Vernichtung werden."

Hermine sah ihn groß an. "Was verstehst du darunter?" fragte sie beinah heftig.

"Das Schlimmste, Kind, für die Herrschaft und, wenigstens unserem Gefühle für sie nach, auch für uns. Auf unsere äußere Stellung kommt es nicht an, aber —"

"Das klingt fast wie — Revolution!" sagte sie, die feinen Brauen zusammenziehend.

"Dahin dürfte es auch ungefähr kommen, wenn man nicht endlich der Vernunft Gehör gibt und ein= lenkt," erwiderte er ernst.

"Einlenken — das heißt nachgeben?" rief sie mit blitzendem Blick; "der Fürst dem Volk, frechen For= derungen, der rohen Gewalt? Nie! Ich kenne unsere Herrschaft beffer!"

"Gewiß, so wird's! Aber was nützt das, wo das Land eines Sinnes?" versetzte er finster. "Ich habe heut Morgen Aeußerungen vernommen, welche nur auf eine schon in Aussicht genommene Aenderung zu deuten waren, und Dinge erlebt —"

„Und das hast du dir sagen lassen?" unterbrach sie ihn leidenschaftlich, mit zornigem Blick und glühenden Wangen. „Unsere Herrschaft verlieren für einen Prinzen Arthur, eine —"

„Wer redet von dem?" fiel er mit einer beschwichtigenden Handbewegung ein. „Ich habe nie an den Ernst seiner Ansprüche geglaubt — sie waren nur eine Drohung — und er selbst denkt augenscheinlich auch nicht daran. Man will auch vom — schen Hof nichts wissen — wir verlören dann jedenfalls unsere Selbstständigkeit. Man will den Grafen Baler nicht, da man ihn nicht achtet. Man will nicht diesen, nicht den, und würde endlich sich doch jeden gefallen lassen, weil man eine Aenderung für absolut nothwendig hält."

„Und das hast du dir sagen lassen?" rief sie nicht minder heftig. „Das wagst du zu denken?"

„Sei nicht thöricht," entgegnete er, leicht die Stirne faltend. „Soll ich ebenso blind, ebenso wahnsinnig sein, wie die Anderen? Nur, um meine Treue, um meine Verehrung für die Herrschaft zu documentiren? Glaube mir, mein Kind," fügte er bitter hinzu, „wie ich sie documentire, das ist um ein gut Theil ehrlicher, aber freilich für mich selbst auch schwerer, als wohlfeile aborirende Worte oder feiges Nachgeben oder gar wahnsinniges Aufstacheln, mit denen sich Andere brüsten! Hoffte ich nicht immer noch, daß im Fürsten dennoch einmal sein besseres, tüchtiges Selbst erwachen und die unwürdigen Netze zerreißen könnte; verehrte, liebte ich nicht an der Herzogin ihre hohen Eigenschaften — glaubst du, daß ich einen einzigen Augenblick in meiner Stellung aushielte und es ertragen würde, daß ich Manchem als Mithelfer und Mitförderer unserer Zustände erscheinen muß?"

Erst nach einer ganzen Weile sagte Hermine plötzlich mit gepreßter Stimme: „Bruder, laß dich nicht beschwatzen und verführen! Erhard Morder soll schon einmal sich in Dinge gemischt haben, die ihn nichts angingen, obschon der Erfolg ein uns willkommener sein mußte. Jetzt — leugne es, daß er der Zuträger war?" brach sie ab, und es war ein düsteres Zürnen in dem Blick, den sie zu Eugen erhob.

Er zuckte mit einem flüchtigen Lächeln die Achseln. „Du hast recht, Erhard war heut Morgen bei mir," versetzte er; „wir haben viel geredet — Neues für mich kaum. Denn daß man bei seinem Hause neue Vorschüsse gesucht und einen Abschlag erhalten; daß man mit Morders wegen der Ausgabe von Papiergeld

verhandelt und die Antwort bekam, man werde das=
selbe überhaupt nicht annehmen können — Verhand=
lungen, die hinter meinem Rücken stattfanden, —
das betrübt mich freilich sehr, aber überrascht hat es
mich nicht. Es stimmt zum Uebrigen. — Glaube
mir, Mienchen," fügte er hörbar bewegt hinzu, „man
wirthschaftet dort oben in einer Weise, die keines
fremden Spiels, keiner fremden Intriguen bedarf,
um die Sympathien des Landes zu verlieren. Man
intriguirt selber darauf hin, möchte ich sagen. Sie
haben nur eins noch," schloß er abgebrochen redend,
mit finsterem Blick; „sie sind persönlich — achtungs=
werth. Lasse sie das auch noch verlieren — denke
an Lucretia's — Geheimniß — Genug, so steht's!
Gott schütze und erleuchte sie und das Land! —
Erhard, liebste Schwester, kannst du mir sicher glauben,
denkt hierüber grade so. Er denkt mit schwerer Sorge,
mit tiefer Trauer an die Zukunft. Tröstliches können
wir dort weder so noch so erwarten."

Sie hatte mit niedergeschlagenen Augen schwei=
gend zugehört, aber man sah es dennoch, daß sie
nicht überzeugt wurde. Und da sie endlich aufsah
und sprach, bebte ihre Stimme vor Aufregung.
„Bruder, laß dich nicht täuschen," redete sie; „du bist

eine Zeit lang Erhard fern gewesen, vertraue ihm
nicht von neuem. Erhard ist falsch, ist kühn, ja frech,
und nach den Mitteln fragt er gewiß nicht. Ich
kenne seine Zwecke nicht, aber seinen Ehrgeiz. Es ist
ihm kein Ziel zu fern oder hoch. Er spielt eine
gefährliche Rolle, oder er will eine spielen, und wäre
es auch nur die als Revolutionär, um sich, wenn
es ihm glückte, in der Gunst des Pöbels oder in der
einer neuen Regierung von Volkesgnaden zu brüsten."

„Kind," sagte er kopfschüttelnd, „das heißt man,
glaube ich, das Kind mit dem Bade ausschütten.
Wohin verirrst du dich! Ich sage dir —"

„Verirre ich mich?" unterbrach sie ihn heftig.
„Denke daran, wie — sie heut Morgen zu mir gesprochen, während er es bei dir ebenso machte. Ist
dies Zusammentreffen ein nichtiges? Sieht es nicht
genau so aus, als wolle man es, da es bei den Anderen nicht gelingt, grade mit uns, den Getreusten
versuchen, um an uns — wenn auch ohne daß
wir's ahnten, — Verbündete in dieser Sphäre
zu haben? Erhard ist ein gefährlicher Mensch,
wiederhole ich. Erreicht er seinen Zweck auf dem
graden Wege nicht, so versucht er es auf einem
krummen."

Er schüttelte mit einem neuen leisen Lächeln wieder den Kopf. „Hab' ich doch gar nicht gewußt, daß du dich so viel mit ihm beschäftigt hast und noch beschäftigst!" meinte er mit gutmüthigem Spott. „Schwesterlein — hüte dich fein! Das klingt ja fast, als wolltest du durch all deinen Zorn nur ein altes herzliches Interesse —"

Sie zuckte empor, ihr Auge blitzte zürnend und stolz. „Das war eine Bemerkung, mein Bruder," unterbrach sie ihn mit bebender Stimme, „bei der du nicht bedacht hast, daß nicht bloß deine Schwester, sondern auch ein Fräulein von Stillberg vor dir steht, welches nicht gewohnt ist, sich Fadaisen oder Ungezogenheiten sagen zu lassen. Bekümmre dich um deine Interessen, die meinen werde ich selber vertreten. Ich habe meine Pflicht gegen dich gethan — handle, wie du es verantworten magst. Es ist nicht meine Schuld, wenn unsere Wege fortan auseinander gehen. Ich kenne meinen Platz, er ist neben unserer Herrschaft. Ich kenne meine Pflicht — ich werde sie erfüllen. Adieu." Sie wandte sich ab.

Er faßte ihre Hand und hielt sie fest, daß sie wohl bleiben mußte. Du bist ein thörichtes Kind," sagte er mit leicht gerunzelter Stirn; „in deiner Hast überstürzest du dich und die Dinge, — es geht, glaube ich, Frauen freilich nicht selten so. Da ist alles Reden umsonst. Eins aber sollst du doch von mir hören: hüte dich vor Schritten und Worten die — auch ich sage: unsere Herrschaft zu neuen Mißgriffen veranlassen und ihr die letzten ehrlichen Freunde kosten könnten. Es fehlt ohnehin nicht viel daran. Und Eins sage ich dir noch," fügte er noch entschiedener hinzu; "du pochst auf die Verschiedenheit deiner und meiner Interessen. Sollten die deinen aber, was nicht unmöglich zu sein scheint, sich nach meinem Urtheil — verstehst du wohl? — verirren, so bereite das Fräulein von Stillberg sich darauf vor, daß der Baron von Stillberg sie auf den richtigen Weg nöthigenfalls zurückzwingen würde. Du wolltest es nicht anders, Hermine." Er ließ ihre Hand frei.

Von allem, was das junge Mädchen heut betroffen hatte, blieb das eben Erlebte für sie das Empfindlichste, und am übelsten war es, daß sich in ihr Zürnen über des Bruders Rauhheit und Rohheit, wie sie sein Auftreten vor sich heißen zu müssen glaubte, doch immer wieder eine leise Mahnung an ihre eigene Heftigkeit, an die Herausforderung mischte, die sie ihm — ohne Grund? — entgegengeworfen hatte. Und auch hier wieder Warnungen, die sie nicht verstand, deren Veranlassung sie in ihrem eigenen Auftreten nicht zu entdecken vermochte und doch stets von neuem, gepeinigt, dort zu suchen begann! —

Die Zofe hatte bei der Toilette für den Abendcirkel einen schweren Stand; sie kannte ihre junge Herrin gar nicht wieder, so launisch zeigte sie sich, so wählerisch, so reizbar. Und auch in dem Cirkel selbst nahm man diese besondere Stimmung der Dame mit einer gewissen Ueberraschung wahr, nur daß man die Erregung, welche ihre ganze Erscheinung heut durchdrang, überaus vortheilhaft für sie fand. Selbst der Herzog, der auf eine kurze Zeit sich bei seiner Gemahlin zeigte, würdigte Hermine seiner Aufmerksamkeit und Graf Baler widmete sich ihr auf das lebhafteste und äußerte sich gegen seine hohe Cousine ganz entzückt über den Geist und Witz und die superben Einfälle des für gewöhnlich zurückhaltenden, ja fast ein wenig kalten Mädchens.

Achtundzwanzigstes Capitel.

Selbst dem schönsten Tage können Abends noch verheerende Stürme folgen.

So schnell, wie man nach den Aeußerungen der Herzogin es bei Hofe erwartet, fand die Uebersiedelung nach Desirade nicht statt. Dennoch kam sie bald und war dann so schnell und einfach, daß man dadurch allerwärts überrascht und unwillkürlich an die ceremonielose Weise erinnert wurde, in der das herzogliche Paar im vorigen Herbst hin und hergezogen war.

Damals hatte man aus diesen und anderen Anzeichen sich in seinen Sorgen beschwichtigen lassen und Gott weiß was alles gehofft, und es war seltsam oder vielmehr bezeichnend genug, daß man, zum mindesten in der Residenz, in dem jetzigen Landaufenthalt wiederum etwas Tröstliches erkennen wollte.

Man war sehr unzufrieden geworden, sah eine böse
Zukunft vor sich und wünschte diese, gut deutsch wie
man war, um jeden Preis abgewendet zu sehen, wäh»
rend man in der Herrschaft trotz alledem und alle»
dem auch noch immer die Herrschaft ehrte. Da griff
man in diesen Kreisen nach jedem Strohhalm.
Vom Herzog sagte und erwartete man längst
gar nichts mehr, ja man wollte nicht einmal mehr
etwas von ihm, und fand nun dennoch in dem Zuge,
daß er dem Einfall seiner Gemahlin nachgegeben und
sich aus seiner bisherigen Clausur habe herausziehen
lassen, etwas, das auch von ihm Erträglicheres hoffen
ließ, wäre es auch nichts weiter gewesen, als daß
der tägliche, ja stündliche Umgang mit dem „Pfaffen,"
wie man den frommen Hofprediger unehrerbietig
genug titulirte, für's erste beschränkt werden mußte.
Es war nämlich vorauszusehen, daß der fromme
Mann die kleine, in der Entstehung begriffene Resi»
denzgemeinde nicht lange oder oft im Stich lassen
würde. Diejenigen, welche nunmehr statt seiner den
Fürsten in seinen Muße» und zum Theil auch in
den Geschäftsstunden draußen umgaben, waren, wie
man sehr wohl wußte, bei weitem unschädlichere, ja
mit wenigen Ausnahmen sogar lebenslustige und

leichtherzige Leute, und die Leser werden es ganz begreiflich finden, daß man am Herzog grade um so viel mehr Lebenslust und Lebensfrische zu sehen wünschte, als man von beiden an seiner Gemahlin zu viel finden wollte.

Zu viel freilich nur um deſſentwillen, weil die hohe Frau dadurch zu einem Leben veranlaßt wurde, das über die Stellung der kleinen Fürstin bei weitem hinausging, und damit dem Lande Lasten auferlegte, die es nicht mehr erschwingen konnte; oder auch, weil mit dieser Lebenslust, wie wir wissen, eine verhältnißmäßig leichtere und nachsichtigere Anschauung des Lebens verbunden war und in Folge dessen in den vornehmen Kreisen und hie und da sogar in ihrer Umgebung Zustände und — Sitten zu Platz gekommen waren, die man in dem ehrbaren, soliden Kern der Bevölkerung nicht mehr frei, sondern lax hieß und als solche verdammte. Von einem Vorwurf in dieser Richtung gegen die Herzogin selbst war — wir müssen das wiederholen — niemals und nirgends die Rede gewesen. Man tadelte nur ihre Neigung zum Glanz und Luxus und zu kostspieligen Festen, ihre Vorliebe für den Adel, ihre gelegentliche Starrheit in der Behauptung ihrer Würde, ihre immer

weiter reichende Einmischung in alle Geschäfte, und
die daher fließenden Entscheidungen und Bestimmungen, welche leider fast nie nach dem Wohle des Landes fragten, sondern sich fast immer als Ausflüsse
der Laune oder des Vorurtheils offenbarten.

Nun meinte man in einigen der letzten Regierungshandlungen und Erlasse, wo Herzogin Leopoldine gleichfalls ihre Hand im Spiele gehabt haben
mußte, ein gewisses Nachlassen und Einlenken zu bemerken und fand dies noch entschiedener in dem Entschluß ausgesprochen, die Sommermonate ganz still
und einfach in dem kleinen Desirabe zu verleben.
Es konnte, um nur dessen zu gedenken, gar nicht vermieden werden, daß mit dieser Entfernung von der
Residenz das stete und tägliche Eingreifen in alle
Geschäfte und das Vielregieren beschränkt und die Vorstände der höheren Stellen wieder selbständiger
werden mußten. Man kannte in den meisten von
ihnen Männer, die unter den herrschenden Zuständen
nicht weniger litten als die große Masse der Einwohner, und zu denen das Land niemals das Vertrauen verloren hatte. Mit einem Wort, man fing
an zu hoffen, daß die Herzogin begonnen habe, über
die im Herzogthum herrschende Stimmung nachzu-

denken — verborgen konnte sie ihr nicht geblieben sein. Und wie man die hohe Frau auch ansehen und beurtheilen mochte — Geist und Verstand konnte man ihr nicht wohl absprechen.

Desirade war ein kleines Jagd= und Lustschloß, das, wie wir wissen, lange vernachlässigt und erst für die Flitterwochen des Prinzen Eugen nothdürftig wieder eingerichtet worden war. Die Räumlichkeiten, welche es enthielt, waren verhältnißmäßig beschränkt und obendrein im Parterre durch den das ganze Schlößchen umgebenden, gewölbten Bogengang, der rings eine den oberen Stock umschließende Terrasse trug, weder hell und freundlich, noch wohnlich und gesund. Droben freilich, wo alle Zimmer auf die genannte Terrasse blickten, gab es Licht und Heiterkeit genug, allein die Gemächer waren nicht zahlreich und meistens klein; nur der große Saal, der den ganzen Mittelbau durchschnitt, war ein imposanter und prachtvoller Raum, wie ein glänzender Hof ihn sich wünscht und seiner auch bedarf. Die Umgebung des Schlosses bestand aus einem nicht großen, rückwärts sich ausbreitenden Park, dessen Anlagen sich in Folge jener oben gedachten Veranlassung ziemlich geordnet und auch sonst erträglich erhalten zeigten. Sie gingen

inbeſſen bald in die großen Wälder über, welche die
urſprüngliche Anlage des Jagdſchloſſes auf dieſer
Stelle veranlaßt hatten, und dieſe Waldungen umgaben das Gebäude von den übrigen Seiten gleichfalls ſo nahe, daß dadurch alles einen noch vieleinge-
ren und einſameren Anſtrich gewann. Man konnte
es der Herzogin nicht verdenken, daß ſie dieſen Aufenthalt in den vorjährigen trüben Herbſttagen für
einen unerträglichen erklärt hatte.

Ganz aus den Augen hatte ſie Deſirade trotzdem aber keineswegs gelaſſen. Hatte ſie's ſelbſt erkannt oder ſich ſagen laſſen, daß der Platz zu anderen Jahreszeiten ſeine ganz eigenen und reizenden
Vorzüge beſitze — es war auf ihren Wunſch an der
innerer Einrichtung und in der Umgebung immer ein
wenig fortgearbeitet worden; man hatte, wo der Wald
gar zu nahe herantrat, ihr bedeutend gelichtet, Durch-
ſichter gehauen — Deſirade lag auf der Höhe —
und bequeme Wege eröffnet, und da jetzt der Frühl-
ling mit ſeiner üppigſten Pracht in dieſen Regionen
herrſchte, hätte auch ein kühleres Herz, als Herzogin
Leopoldine es beſaß, ſich durch alles, was es hier
fand, entzückt fühlen müſſen. Einſam und eng blieb
Deſirade freilich immer, allein es war eine poetiſche

Einsamkeit und eine behagliche Enge, wenn man sich ihr nur einigermaßen anbequemte. Und das that die Fürstin mit einem — bei Hofe hieß man es: adorablen Humor.

Sie hatte sich nur die Gräfin Derssen und ihre beiden Hoffräulein zur Begleitung erwählt und sich mit ihnen im nördlichen Theile eingerichtet, während im südlichen der Herzog mit dem Hofmarschall, einem Kammerherrn und einem Adjutanten hauste. Drunten hatte man ein paar Geschäftszimmer eingerichtet und die allernothwendigste Dienerschaft untergebracht. Daneben fanden sich bei der Geräumigkeit aller jetzt sogar noch mehrere Gemächer für gelegentlich Eingeladene und unerwartete Besuche bereit. Aber mit den Einladungen war die Herzogin außerordentlich sparsam und Besuche gab es keine, da selbst die Familienglieder meistens nur einer Einladung folgten oder, wie Graf Baler nicht selten, auf einige Stunden einsprachen.

Die Herzogin erklärte, sie wolle es jetzt auch wieder einmal so gut haben, wie jede wohlhabende Familie unter ihren Unterthanen und wie sie selbst es vordem auf dem Degenberg freilich immer gehabt — ausruhen nicht nur von den Geschäften und Sor-

gen, sondern auch von den Vergnügungen und dem
Zwange der Etikette. Man lebte in der That ganz
einfach ländlich; man stand wunderbar früh auf und
genoß die Schönheit der Morgenstunden im Park und
Wald; man frühstückte, ja hielt sogar die Mittagstafel zuweilen im Freien; man machte große Prome-
naden, man ritt und fuhr auf den kühlen, schattigen
Waldwegen, man erquickte sich an den Bädern im
nahen kleinen See mit seinem gebirgsartig frischen
und klaren Wasser; oder man gab sich der Lectüre
hin oder irgend einem ganz fröhlichen Spiele und
führte Abends zuweilen Sprichwörter auf oder stellte
ein Tableau, ohne Ansprüche auf große Vorbereitungen und besonderen Glanz. Von Geschäften kam
nur das allernöthigste zum Vortrag und zur Ent-
scheidung. Die Herzogin — sie dachte nicht daran,
sich in Desirade von der Betheiligung an denselben
ausschließen zu lassen — widmete sich diesen Dingen
in Gemeinschaft mit ihrem Gemahl gewöhnlich nur
eine Stunde lang täglich, bevor die Zeit der Tages-
toilette gekommen war. Dann hatten sich die
Vortragenden aus der Residenz einzustellen — für
manche der Herren unbequem genug, da die Rück-
fahrt in der Mittagshitze kein Spaß war und

eine Einladung zur Tafel nur ausnahmsweise erfolgte.

Selbst diesen flüchtigen Gästen, ebenso aber auch der stehenden Umgebung der Herrschaft konnte es nicht verborgen bleiben, daß nicht nur die Herzogin ausnehmend heiter und zufrieden erschien, sondern daß sogar auch der Herzog in dieser Lebensstille gleichsam erwachte und zu einer freundlicheren und behaglicheren Lebensanschauung zurückkehrte. Der Herr fühlte sich sichtbar täglich wohler, er zeigte sich selten eigensinnig und verdrießlich, er nahm häufig ganz vergnüglich Theil an den Unterhaltungen der Schloßbewohner und konnte wirklich hie und da in seiner Weise scherzhaft sein und einen lustigen Einfall oder einen Scherz von anderer Seite ganz wohl aufnehmen. Besonders für Hermine zeigte er eine wohlwollende Aufmerksamkeit und Gnade, die ihn nicht selten sich ordentlich mit dem Mädchen unterhalten ließ und bisweilen so weit ging, daß er zum Beispiel bei einem Tableau sich über ihre Erscheinung anerkennend äußerte oder gar ausdrücklich irgend eine Rolle für sie in Anspruch nahm.

„Liebes, gutes Kind, meiner Frau lieb, mir auch," sagte er einmal zu Eugen, da er mit diesem

eines Morgens nach dem Vortrage noch dies und
jenes beredend durch den Park ging und der begegnenden Hermine ein freundliches Wort zugerufen
hatte. „Viel Werth für uns, immer bescheiden, heiter, voll Würde — keine politische Närrin — gra-
tulire dem Herrn Major zu solcher Schwester."

Es war wirklich, als ob der Herzog sie erst
jetzt näher kennen lerne, wie er denn ja überhaupt
mehr auf seine Umgebung achtete. Dennoch fiel diese
Theilnahme begreiflicherweise auf — es gibt immer
Leute, die nichts zu thun haben als auf dergleichen
zu achten —, allein die Herzogin selbst freute sich
unverhohlen, herzlich darüber und war sehr zufrieden,
daß der Gemahl doch überhaupt noch eines irdischen
Interesses fähig erschien.

Und selbst Hermine war froh. Die Theilnahme
des Fürsten schmeichelte ihr bei weitem weniger als
sie ihrem Herzen wohl that — er zeigte sich ihr
freundlich, gütig wie ein Vater, und das Herz des
jungen Mädchen, das in der letzten Zeit so oft und
tief gepreßt und bewegt geschlagen, fing wieder an leicht
und sorglos zu sein. Die Gnade der Fürstin hatte sich
ihr niemals deutlicher gezeigt, und auch mit Eugen war
sie allmälig auf den alten Fuß zurückgekehrt.

Und auch das nicht einmal machte ihr mehr Sorge, was, wenn sie auch niemals ernst daran geglaubt, dennoch beinah als der herbste Mißklang durch ihr reines Herz gezogen war — Graf Baler war so häufig und lange in dem kleinen Kreise und fast immer ihr so nahe, daß ihr gegebenen Falls kein Zug seiner Erscheinung, kein Wort, kein Blick verloren ging, daß grade die Stellung, welche er neben und zu dem fürstlichen Paare einnahm, zu keinem Zweifel, zu keiner heimlichen Frage Veranlassung geben konnte: das, was die böse Zunge Lucretia's ausgesprochen, was vielleicht wirklich einmal im Plane Anderer gelegen haben mochte, fand ersichtlich nicht statt. Denn wenn der Graf selber in solche Pläne eingeweiht war, sagte sich das Mädchen, so mußte die Weise, wie er operirte, nicht nur eine seltsame, kühle und langwierige, sondern auch voraussichtlich völlig erfolglose genannt werden. Von einer Huldigung, wie die Natur der Herzogin sie zu verlangen schien, um dadurch bestochen und vielleicht besiegt zu werden, zeigte sich bei ihm nicht eine Spur. Er war vielmehr die Heiterkeit und Ungezwungenheit selbst und widmete sich ihr im Grunde nicht einen Augenblick länger, als Unterhaltungsstoff und Stim=

mung es erklärlich machten, und wenn er auch die Fürstin kaum jemals in ihr vergaß, so stand er doch ersichtlich schon längst zu ihr auf dem Fuße eines nahen Verwandten und — man hätte fast sagen mögen: freundschaftlichen Verehrers. Dies letztere verstand sich der Herzogin Leopoldine gegenüber, zumal von jemand, der ihr so nahe gestellt war, eigentlich von selbst. Sie war als Frau zu schön, sie war, sobald sie sich zwanglos bewegen konnte, zu anmuthig und liebenswürdig, als daß sie nicht auch auf einer viel tieferen Stelle von gesellschaftlichen Huldigungen umgeben gewesen sein sollte.

Von ihr selber zu reden, so war es deutlich genug, daß die in Wahrheit auffallende männliche Schönheit des Verwandten, seine ungezwungene, heitere und dennoch stets chevalereske, ächt vornehme Weise des Eindrucks auf sie ebenso wenig wie auf ihre ganze Umgebung verfehlt hatten, hatte doch selbst der Herzog sich ihm nicht entziehen wollen oder können. Nur ging dieser Eindruck ebenso deutlich nicht um ein Haarbreit über ein durchaus freundschaftliches, angenehmes Interesse hinaus; sie sah ihn gern kommen und lud ihn nicht selten zum längeren Verweilen ein, man sah's, daß ihr seine Gegen=

wart, seine Weise zusagte." — Von dem alten —
sagen wir Vorurtheil oder Mißtrauen? — das den
Verwandten so lange aus der Nähe des Hofes ver-
bannt hatte, war keine Rede mehr. Man erfuhr
über das Leben des Grafen Baler — wenigstens in
Desirade — auch nichts mehr, was dasselbe von
neuem hätte hervorrufen müssen. Er lebte wie ein
lustiger Cavalier, dem man wohl zutrauen konnte,
daß er gelegentlich einer pikanten Intrigue nicht aus
dem Wege ging, aber er lebte offener und in Wahrheit zu sagen ungezwungener und weniger raffinirt
als mancher von denen, die von jeher bei Hofe in
Gnade gestanden.

Er durfte, wie wir bereits angedeutet, auch sonst
mit dem Eindruck zufrieden sein, den er auf den
Kreis gemacht, in dem er sich bewegte. In Desirade war von der Gräfin Derffen herab bis auf die
unbedeutendste Kammerjungfer, und vom Hofmarschall
bis zum lustigen Pagen Gaston niemand, den er nicht
so oder so für sich eingenommen hatte, und es bedarf daher kaum noch einer Erklärung, wie auch
Hermine sich diesem Einfluß keineswegs entzog. Sie
konnte sich nicht verhehlen, daß er ihr grade eine
besondere Aufmerksamkeit zuwandte, und sie hätte

kein Märchen sein müssen, wenn sie sich durch die=
selbe von dem schönen glänzenden Mann nicht ge=
schmeichelt gefühlt hätte. Und sie überließ sich diesem
Eindruck um so sorgloser und heiterer, als die Töne,
die sie in jener Morgenstunde bestürzt und erschreckt,
nicht wieder in ihren Verkehr mit ihm hineinklangen,
und der Graf ihr gegenüber auch keine anderen an=
schlug, welche ihre Ruhe hätten stören können.

Das Einzige, was dem jungen Mädchen das
Herz nicht frei ließ, war die Bemerkung, daß die
gnädige Gesinnung, welche die Herzogin früher gegen
Eugen so unverhohlen kundgegeben, noch immer nicht
zurückkehren zu wollen schien. Auch vom Herzog
wurde der Adjutant jedenfalls nicht mit dem früh=
ren, fast immer gleichmäßigen Vertrauen beehrt, wenn
dasselbe auch gelegentlich wohl noch einmal, wie wir
vorhin sahen, in alter Weise durchbrach. Eugen
hatte, wie das Mädchen aus Aeußerungen der Für=
stin und auch aus seinen eigenen Andeutungen schließen
mußte, in seiner geschäftlichen Stellung einen här=
teren Stand als je. Er stieß häufiger auf Ein=
wände, ja auf einen bestimmten Gegenwillen, oder
er sah sich in einer verdrießlicher, oder gar spöt=
tischen Weise nachgegeben, die ihm schier noch

peinlicher sein mußte als eine entschiedene Zurück-
weisung.

Um das, was hiervon auf den Herzog fiel, sorgte
die Schwester sich verhältnißmäßig wenig. Laune
und Stimmung des Herrn unterlagen selbst jetzt noch
zu vielen unberechenbaren Einflüssen, als daß man
einerseits jemals auf ihre Stetigkeit rechnen, und
andererseits ihnen eine große Wichtigkeit zuschreiben,
ernste Folgen von ihnen hätte erwarten können.
Dazu kam selbst bei Hermine die Kenntniß der herrschenden Zustände: der Herzog war für niemand
mehr die erste Person im Staate, und man hörte
nie mehr, daß er dem Willen seiner Gemahlin sich
noch auf die Dauer zu widersetzen versuchte. Aber
daß diese Letztere dem bisherigen Günstling noch
immer sich entfremdet zeigte, das quälte, wie gesagt,
das schöne Kind. Die gleiche, bald spöttische, bald
sogar scharfe, stets eine gewisse Gereiztheit andeutende
Weise, welche dem Adjutanten in den Geschäftsstunden von Seiten seiner Gebieterin entgegentrat, zeigte
sich selber auch bei den seltenen Gelegenheiten, wo
er zum längeren Verweilen in Desirade befohlen
wurde. Es konnte kein Ersatz sein, daß sie sich dann
häufig mehr mit ihm beschäftigte als mit irgend

einem Anderen — eigentlich gnädig und freundlich
geschah dies ehen nicht, und hätten der Blick, der ihn
traf, und das Wort, das sich an ihn wandte, sich ge=
wissermaßen auch nur als neckende, scherzende auf=
fassen lassen. Selbst ein solcher Scherz enthielt fast
immer eine Spitze, die den Adjutanten empfindlich
treffen mußte.

Und daß ihm trotz seines Ernstes und seiner
Zurückhaltung, trotz der Unnahbarkeit, welche man
ihm am Hofe spottend nachrühmte, die veränderte
Weise seiner Gebieterin empfindlich war, vermochte
selbst er nicht immer zu verbergen. Nicht nur Her=
mine, sondern auch andere fanden ihn stiller, gedrück=
ter und finsterer als je und seine Gesundheit litt
sichtbar. Man erkannte deutlich genug, daß ihn nur
ein Befehl zuweilen länger in Desirabe weilen ließ;
als Glück und Gnade empfand er denselben nicht.
Und man sah es gleichfalls, daß es ihm in solchen
Fällen nicht leicht wurde, sich der heiteren Stimmung
der Uebrigen nicht gar zu fern zu stellen, geschweige
denn sich die Aufmerksamkeit zu Nutze zu machen, die
ihm neuerdings die Gräfin Derffen in von mehr als
einer Seite, wohl bemerkter Weise zuwandte. Ein
Anderer hätte sich durch ein solches Interesse der

schönen, aber auch unendlich stolzen und kalten Dame wohl geschmeichelt fühlen dürfen. Für Eugen war es ein verlorenes.

Dies alles glaubte er selbst niemals tiefer empfunden zu haben als heut, wo er gleichfalls zum Vortrag im Jagdschloß schon ziemlich zeitig erschienen war und, statt wie gewöhnlich schnell abgefertigt zu werden, die Geschäfte mehrere Stunden lang in der verdrießlichsten Weise sich fortspinnen sah. Was ursprünglich vorlag, war das einfachste von der Welt, und die Stimmung der Herrschaften anfangs eine so heitere und wohlwollende, daß man grade das Gegentheil von dem hätte vermuthen dürfen, was eintrat. Es war, als ob ein Dämon all das Unangenehmste ausdrücklich hervorsuchte und besonders der Fürstin in den Sinn brachte, damit es allen zur Pein werde. Die frühere Truppenvermehrung, die neubeabsichtigte, die Finanzangelegenheiten, der Widerstand des alten Morder, die aufsätzige Stimmung im Lande, die Zeichen der Zeit, die in anderen deutschen Landen täglich ernster zu Tage traten, — an allem, ob es nahe oder ferne lag, streifte man zum mindesten vorüber und gelangte damit zu einer Gereiztheit, die selbst den jungen Mann zuletzt erbitterte und ihn nur

13*

mit Mühe die schickliche Haltung bis zum Schluß bewahren ließ. Der Herzog — das gestand er dem Herrn und sich zu — war heut gleich ihm mehr der leidende Theil gewesen und hatte sich, sichtbar gelangweilt, ziemlich indifferent gehalten. Aber die Herzogin — Eugen wußte selber nicht, sollte er mehr zornig oder mehr betrübt sein, daß die Gebieterin sich selber in eine Stellung brachte, wo die Ehrfurcht vor der Fürstin nicht minder als die Verehrung der geistvollen und schönen Frau ihrem Gegenüber so unendlich schwer gemacht wurde.

Der peinliche Eindruck, den sie auf ihn gemacht, konnte ihr nicht entgangen sein — er hatte seine Ruhe nicht immer zu bewahren vermocht —, allein in seiner jetzigen Stimmung war ihm das beinahe willkommen. Die hohe Frau mußte einsehen lernen, daß es selbst für ihren Willen Schranken gab, die sie nicht ohne Widerstand — vielleicht nicht ohne Strafe — durchbrechen durfte, gleichviel durch wen sie diese Einsicht erhielt. Und da er, mit dem Adjutanten vom Dienst noch einiges beredend, durch Gaston die Meldung erhielt, daß die Herzogin ihn bei Tafel zu sehen und vorher noch allein bei sich zu empfangen wünsche, erwiderte er barsch genug:

„Serenissimus haben über meine Zeit anders disponirt — ich bedauere daher." Die kokette Erscheinung des in Sammet und Spitzen gehüllten jungen Menschen und sein nicht minder kokettes Auftreten reizte den durch und durch männlichen Eugen in diesem Momente noch mehr.

„Serenissimus waren zugegen, da Königliche Hoheit mir den Auftrag gaben, und sagten: „Ja, bleiben," versetzte Gaston sich verneigend.

Eugen verbeugte sich finster. „Ich gehorche," sagte er kurz.

„Seien Sie vernünftig, Kamerad," meinte der andere Adjutant, da Gaston verschwunden war. „Was Sie mir andeuteten, ist freilich schier unerträglich — wir erleben dergleichen im Kleinen auch —, allein vergessen Sie nicht, daß die Herzogin durch das, was wir aus ihrer Heimat erfuhren, erschüttert sein muß. Es mag dort schlimm genug stehen, und ich glaube gehört zu haben, daß es neuerdings sogar in ihrer Familie zu Meinungsverschiedenheiten und Zwistigkeiten gekommen sei. Da muß man ihr die üble Laune zu gut halten."

Eugen zuckte die Achseln und schwieg. Grade das, was in der Fürstin Heimat vorging, hätte sie,

meinte er, vorsichtiger und nachgiebiger machen, vor
einer Wiederholung der dort begangenen Fehler
zurückweichen lassen sollen. Und wie heiter die
Schwester, wie gnädig die Gräfin Derffen ihm entgegenkam, wie sorglos fröhlich die Stimmung des
ganzen Kreises war, der sich in Erwartung der Tafel
bereits zusammengefunden hatte, während das fürstliche Paar mit dem Grafen Valer und der Gräfin
Blanche noch in seinen Gemächern weilte — ihn vermochte das nicht umzustimmen. Er fühlte den Druck
der vergangenen Stunden bis in's Herz hinein.

Grade — er gestand sich das selber kaum, aber
wir dürfen es den Lesern wohl verrathen — grade
weil er die Fürstin im Grunde seines Herzens an-
betete, und weil ihm zugleich auch die Frau in ihr
höher stand als irgend ein Wesen, das ihm bisher
begegnet, empfand er um so tiefer und schwerer, was
ihn heut Morgen an ihr verletzt, was ihr reines
und hohes Bild für ihn entstellt hatte. Sie sollte
auch hier makellos sein, auch als Fürstin sich über
alle ihres Gleichen erheben! Was mußte er nun
auch an ihr die Ueberhebung und Verblendung ge-
wahren! Was mußte er auch sie der menschlichen
Schwäche so sehr unterliegen sehen, daß sie sich in

der Erregung fast bis zur — so erschien es ihm! — Unweiblichkeit zu steigern vermochte!

Es erschreckte ihn beinah, als sie ihm jetzt, nicht in ihren Gemächern, sondern auf der schattigen Terrasse vor denselben, plötzlich so ganz verändert, ohne eine Spur der herben, ungeduldigen Schärfe, der starren Hoheit, ganz anmuthig und freundlich entgegenkam. Sogar in ihrem Aug', in ihren Zügen war eine Art von träumerischer Milde und Weichheit, und in ihrer Stimme klang kein Spott und Scherz, als sie sagte: „noch immer empfindlich, Herr Major?"

„Königliche Hoheit," murmelte er gepreßt, aber ihre Hand winkte ihm inne zu halten.

„Schweigen Sie!" sprach sie mit aufsteigender Erregung. „Ich bin nicht blind, ich bin nicht gefühllos. Ich hab' es Ihnen heut Morgen nicht leicht gemacht — ich weiß das, ich sah das, der Herzog sagte es mir sogar. Aber ich bin ein Mensch und ich kann zuweilen nicht, wie ich möchte und sollte. Glauben Sie, uns ist auch nicht auf Rosen gebettet! Sie werden wissen, wie es bei mir daheim aussieht — man ist dort leider schwach! Sollen auch wir das sein? Sollen auch wir uns aus unserem

Rechte drängen laſſen? Sollen wir abhängiger von
den Armſeligkeiten des Lebens ſein, als der ärmſte
Bürger, der im Nothfall Geld auf ſein Haus aufnimmt? Uns verweigert man das, obgleich man
weiß — aber ich will nicht von neuem anfangen,"
brach ſie mit plötzlichem Lächeln ab. „Ich wollte
Ihnen nur ſagen: Sie dürfen nicht auch uns unge-
treu werden, nicht auch uns mißverſtehen, nicht auch
von uns weichen. Die Zeit kommt, wo unſer Muth,
unſere Treue geprüft werden. Der Herzog will
nichts Unrechtes, aber abzwingen läßt er ſich ſelbſt
das Rechte nicht. Dürfen wir anders, Major?"

„Hoheit!" ſagte Eugen erſchüttert — er wußte
ſelbſt nicht, ob durch ihre Worte, gegen die er doch
ſo viel einzuwenden hatte, oder ob durch ihre Er-
ſcheinung, in der er die zürnende Hoheit und den
Stolz der Fürſtin und den wunderbaren Reiz der
erregten, ſchönen Frau noch niemals zu einem ſo be-
zwingenden Ganzen vereint geſchaut.

Sie ließ ihn auch jetzt nicht ausreden. Sie bot
ihm plötzlich die Hand hin, und mit einem glänzenden und doch auch beinah innigen Blick, mit dem
gewinnendſten Lächeln, mit dem weichſten Klang ihrer
Stimme ſprach ſie: „alſo Freunde? Alſo treu? Sie

werden mich im Herzen stets dankbar finden, Herr
von Stillberg, selbst wenn — ich Ihnen das Leben
auch einmal sauer mache. Und nun — seien Sie
heiter. Es ist ein so schöner Tag."

Wie hätte er diesen Worten, diesem Lächeln
widerstehen sollen! Die Verstimmung, der Mißmuth
wichen von ihm, er überließ sich ziemlich willig den
Zerstreuungen des übrigen Tages und zeichnete sich
in dem vergnügten Kreise weniger als seit lange
durch Ernst und Zurückhaltung aus. Leicht war ihm
das Herz nicht und auch nicht froh, vielmehr fühlte
er sich wundersam bewegt und zuweilen beinah wie
im Traum; allein ein solcher Zustand schließt nicht
aus, daß man sich aus ihm aufraffend, sich in er-
höhter, ungewöhnlicher Lebhaftigkeit gehen läßt, sei
es auch nur, um ihn Anderen zu verbergen. Heut
neckte er seinerseits die Schwester um der träumerischen Stimmung willen, die sie seit der Tafel zu beherrschen schien, und fand zum erstenmal die Ausgelassenheit Gastons nicht unausstehlich, der die Geduld
der Damen mehr als je auf die Probe stellte und
auf die Gunst, die ihm die Fürstin gewährte, fast zu
stark sündigte.

Er hätte, wäre es ihm um dergleichen zu thun

gewesen, mit dem Eindruck, den diese Veränderung auf seine Umgebung machte, zufrieden sein können. Man zeigt' es ihm von allen Seiten, daß er gefiel, und die Gräfin Derffen sagte zu Hermine im Laufe des Abends einmal ganz scherzhaft: „ich habe es gar nicht gewußt, mein Fräulein, daß Ihr Herr Bruder nicht bloß ein geistvoller und interessanter, sondern auch ein gefährlicher Mann sein kann. Es dürfen sich, wie es scheint, mehrere vor ihm hier in Acht nehmen."

„Mein Herr Major — ich habe über Sie zu klagen," sprach die Fürstin, welche eben zu den beiden Damen trat und den nicht fern stehenden Eugen heranwinkte. „Entscheiden Sie, Liebe," wandte sie sich fortfahrend an die Oberhofmeisterin in dem gleichen launigen Tone; „Sie sind ja eine von den Eingeweihten. Der Major sollte doch auch für die Sicherheit unserer Wohnung besorgt sein — er hat dies Amt früher schon freiwillig übernommen. Und nun erfahre ich nicht durch ihn, sondern durch Herrn von Lengen, daß der alte bedenkliche Spuk noch immer sein Wesen treiben darf — ja wohl, Major, in der letzten Nacht ist sie ja wieder durch die Corridore geschritten und hat sogar die Wachen in die Flucht gejagt. Sie sagten mir nichts davon?"

„Weil ich Eure Hoheit nicht von neuem mit dieser Albernheit belästigen wollte," versetzte Eugen sichtbar mißmuthig.

„Albernheit!" rief die Herzogin mit lächelndem, blitzendem Blick, „und doch werden Sie darüber ganz böse?"

„Weil sie in den Augen von Eurer Hoheit Getreuen durch diese öftere Wiederholung unverschämt wird, und es uns zugleich verdrießt, daß man uns noch immer durch diese Pausen der Wanderung von der Aufklärung fern zu halten vermag."

Und wieder traf ihn der blitzende Blick des großen blauen Auges und die hohe Frau bemerkte mit eigenthümlich vibrirender Stimme: „Sie nehmen die Sache gar leicht, Major, und sollen sich, wie mir zugeflüstert wurde, doch selber von dem unirdischen Wesen des Geistes überzeugt haben?"

„Ich bitte Eure Hoheit um Verzeihung — daran wurde ich durch ein außerordentlich irdisches Intermezzo verhindert. Und so oft ich seitdem auf Wache war, blieb der Spuk aus, bis ich müde wurde. Gestern — wie Hoheit erfuhren — war er selber wieder da."

Gräfin Blanche war gleichfalls herangetreten und hatte die rasche Unterhaltung mit angehört. „Seltsam bleibt dies alles dennoch," sagte sie jetzt und ihr dunkles Aug' begegnete dem Eugen's mit einem wunderbar tiefen, wir wissen nicht, ob mehr nachdenklichen oder mehr prüfenden Blick, „und grade die Pausen, deren Sie gedachten, Stillberg, scheinen mir das Seltsamste zu sein. Sie selbst aber zeigen sich hierbei gar nicht zu Ihrem Vortheil," fügte sie lachend hinzu, „gleichviel, ob ich an Ihren ganz unchristlichen Unglauben denke, oder nur an Ihren sündhaften Eifer, ein Geheimniß aufzudecken, das Sie als galanter Cavalier —"

„Eure Erlaucht sprechen beinah meine eigenen Gedanken aus," fiel die Herzogin gleichfalls lächelnd ein. „Der Major spricht Gesinnungen aus, die uns Damen eigentlich —"

Der Tag war wunderschön, aber auch außerordentlich heiß gewesen, und als sich gegen Abend der leichte Wind selbst auf der Höhe von Desirade völlig gelegt hatte, war es so schwül geworden, daß man sich früher als sonst in das kühle Innere des Schlößchens zurückzog. Ja auch von der Terrasse, wo an anderen Tagen fast immer ein kühler Luftzug

ging, entwich man heut und hatte sich dann im großen
luftigen Saal und den anstoßenden hohen Räumen
so wohl befunden, daß niemand mehr auf das Acht
gab, was draußen vorging. Man hatte es durch die
Wipfel brausen hören und auch wohl einen fernen
Blitz vorüberschießen sehen, das Rollen des Donners
und endlich den Beginn des Regens vernommen,
allein was kümmerte man sich darum! Selbst diejenigen, welche Nachts noch in die Stadt zurückkehren
mußten, dachten darüber nicht nach; es war nicht
spät, und schlimmstenfalls mußte sich für die gegenwärtige Gesellschaft sogar ein Nachtquartier im Schlosse
ermöglichen lassen.

In dem Augenblicke aber, als Herzogin Leopoldine die Worte „uns Damen eigentlich" sprach, zuckte
ein gewaltiger Blitz so nahe vorüber, daß der kleine
Salon, in dem unsere Gesellschaft stand, wie mit
Feuer erfüllt war. Der Schlag schmetterte unmittelbar hinterdrein, daß das ganze Schlößchen bebte, und
Thüren und Fenster klirrend und springend zuschlugen.
Der kleine Kreis stand erblaßt, die Herzogin selber
konnte einen Schreckensruf nicht unterdrücken; aus
dem Saale flüchteten die entsetzten Damen herbei.
„Es traf in's Schloß!" rief man.

Eugen wandte sich fortzueilen. „Wohin, Stillberg?" fragte die Herzogin hörbar noch bebend.

„Nachzusehen, Hoheit! Ich glaube an keine Gefahr," versetzte er schon von der Thür aus.

Der große Corridor draußen zeigte sich nur mäßig hell — eine der Lampen war wohl durch die Erschütterung von der Wand gestürzt — und wirklich voll eines leichten Schwefelgeruchs. Der junge Mann eilte um so schneller vorwärts, als er um eine Ecke biegend in der Ferne auch den Wiederschein eines Feuers zu sehen meinte. Aber er fand sich bald beruhigt, als er am Ende des Corridors, wo man seitwärts auf die Terrasse hinaustrat, die Ursache beider erschreckenden Erscheinungen vor sich sah: der Blitz hatte eine von den ganz in der Nähe stehenden prachtvollen Tannen fast mitten auseinander gebrochen; der obere Theil hatte sich herabstürzend schwer gegen das Geländer der Terrasse geworfen und dies zum Theil umgestoßen, der noch wurzelnde Stumpf brannte lichterloh. Gefahr war keine mehr, zumal der Regen in Strömen fiel und das Gewitter, wie Blitz und Donner zeigten, schon aus der nächsten Nähe war. Ueberdies bemühte sich auch die Dienerschaft drunten, die schwere Krone aus der

Nähe des Schlosses zu entfernen. Der Schreck und ein paar zerschmetterte Scheiben blieben alles, was an dem Ereigniß zu beklagen war.

Als Eugen durch den Corridor zurückeilte, fand er sich in der Nähe einer halb geöffneten Thür durch einen Laut aufgehalten, der aus dem dunklen Gemach dahinter klang und ihm — er wußte selbst nicht recht — wie ein Schluchzen oder Seufzen erschien. Er trat heran. „Leidet hier jemand?" fragte er theilnehmend.

Im gleichen Augenblick fühlte er seine Hand von einer anderen erfaßt und sich in das Dunkel hineingezogen. Ein paar Arme umschlangen seinen Hals, ein paar heiße Lippen drückten sich rasch, mehrmals auf die seinen. Eine Stimme flüsterte beinah unhörbar: „Geliebter, laß die Gespenster! Folge dem Leben!" — Und dann noch ein langer — langer Kuß, und die Unbekannte entglitt ihm. Er fühlte sich zurückgeschoben, hinaus. Die Thür schloß sich. —

Er stand im Corridor wie betäubt, hatte er denn geträumt? War denn das alles möglich? Gesehen hatte er nichts als für einen Augenblick den flüchtigen Schimmer eines hellen Kleides und die Fingerspitzen der Hand, welche die seine erfaßt. Aber was er gefühlt, diese schlanken, festen Arme, diese üppige und doch feste Gestalt, die sich voll glühenden Lebens an seine Brust, in seine Arme geschmiegt, die sich so unwiderstehlich ihnen entwand; diese heißen Lippen, und diese Stimme, diese, wenn auch gedämpft und durchbebt von Leidenschaft — alles nur ein einziger, flüchtiger, kaum minutenlanger Moment, und dennoch in Glück oder Unglück entscheidend vielleicht für das ganze Leben!

Es schwindelte ihm. Er flog fort, als wolle er seinen verwirrten, wirbelnden Gedanken entgehen, die ihn zugleich berauschten und entsetzten.

Die Eile wäre nicht nöthig gewesen; die Gesellschaft war schon unterrichtet, daß keine Gefahr vorhanden, und die Fürstin hatte sich überdies, weil die Gräfin Derffen von dem Vorfall bis zur Ohnmacht erschüttert worden, mit dieser und einigen anderen Damen für eine Weile zurückgezogen. Als sie demnächst mit ihrer Begleitung, wenn auch ohne die Leidende zurückkehrte, zeigte sie die munterste Laune uud neckte mehr als ein Glied des immerhin noch ziemlich aufgeregten Kreises wegen seines Verhaltens in jenem ersten Moment. Auch Eugen vernahm ein paar scherzende Worte über sein Davonstürzen.

Eine Aufklärung gab es hier für ihn nicht; die Kleider waren alle hell und leicht, die Mienen zeigten nirgends eine Erregung, die nicht durch den vorhergegangenen Schreck zur Genüge erklärt worden wäre. Aber eine andere Beobachtung machte er, die ihn mehr erschreckte, als jener Schlag: er fand die Schwester in einer Stimmung, wie er sie so bewegt und erregt an dem halb heiteren, halb kalten Mädchen noch niemals wahrgenommen zu haben meinte, und er konnte eigentlich kaum zweifeln, durch wen dieselbe hervorgerufen worden sei. Graf Baler hatte sich ihr während des ganzen Tages lebhaft gewidmet und setzte dies auch noch jetzt in einer Weise fort, die nicht übersehen werden konnte.

„Wenn Sie übermorgen wiederkommen, Herr Major", sagte die Fürstin zum Abschied mit einem schalkhaften, glänzenden Blick, „hoffe ich nicht den finstern Geisterseher, sondern den heiteren, lebensfrohen Cavalier von heute wieder zu sehen. Kommen Sie häufiger zu uns. Ich kann's mir denken und sehe es Ihnen an, daß Sie sich drinnen krank langweilen. Das darf niemand, der uns nahe steht."

Eugen nahm die Anerbietungen, die ihm von

mehr als einer Seite gemacht wurden, für den Rückweg zur Residenz einen Wagenplatz zu wählen, nicht an. Er ritt allein zurück durch die dunkle Regennacht.

Neunundzwanzigstes Capitel.

Patriotismus und Liebe. Eine Aufklärung, die keinem Menschen genügt.

Die Fürstin hatte gut sagen, Eugen sollte nicht bloß häufiger, sondern immer mehr als heiterer Cavalier nach Desirabe kommen, den Geschäftsmann und Träumer dahinten lassend. Seine Geschäfte waren zu letzterem weniger als je angethan, sondern verlangten die ganze Arbeitskraft, den ganzen Kopf, und was er an diesem Gewittertage im Jagdschlößchen erlebt hatte, ließ ihn gleichfalls nicht zur Ruhe kommen — die Gnade der Herzogin so gut, wie das sichtbar neu erweckte Interesse des gesammten kleinen Kreises, das wunderbare Abendbegegniß, und vor allem und zuletzt jene Bemühungen des Grafen Valer um die — Eugen lachte bitter, wenn er daran dachte — um die Gunst seiner Schwester.

Es war in dem jungen Manne zuweilen ein ernster Schmerz über die immer weniger abzuleugnende Veränderung, die grade in seinen persönlichen Verhältnissen bemerkbar wurde. Er fand sich, wenn er ehrlich sein wollte, von dem alten Kreise seines Umgangs, der doch mehr oder minder mit seinem Vater zusammengehangen hatte, täglich weiter entfernt und in dem, welcher jetzt der seine sein sollte, keinen befriedigenden Ersatz. Die alten Freunde traten von dem Günstling des Fürstenpaars mehr und mehr in eine gewisse Entfernung und kamen ihm auch auf die gelegentlichen Zeichen der Ungnade nicht eigentlich wieder näher. Sie mußten es wissen, daß Eugen nach Kräften zum alten Recht des Landes gestanden und der Mäßigung und Vernunft, wo er's vermochte, das Wort geredet hatte; allein trotzdem war und blieb das alte Vertrauen verschwunden. Man sah in ihm nicht mehr den früheren willkommenen, oder diesem und jenem vielleicht auch gleichgültigen, gutgesinnten jungen Mann, den Sohn seines Vaters, sondern den Adjutanten und — wir wiederholen es: Günstling des Fürstenpaars, gegen den man so oder so auf seiner Hut sein zu müssen glaubte, und auf den sich

hie und da allgemach dennoch ein wenig von der
Ungunst übertrug, die man der Regierung zuwandte.

Selbst im Morder'schen Hause blieb es nicht
mehr wie sonst, Eugen erkannte das sehr wohl nicht
bloß an einer gewissen Zurückhaltung, die ihm zu=
weilen begegnete, sondern auch an Erhard's Ton und
Wesen gegen ihn: Es schien ihm darin etwas Spöt=
tisches oder gar Uebermüthiges, ein gewisses je ne
sais quoi ausgeprägt, das er bisher wohl gegen
Reigenbach einmal hatte laut werden hören und dann
belacht hatte, das ihm aber, da es nun gegen ihn
selbst in Anwendung kam, nichts weniger als schmeichel=
haft sein konnte, ja ihn nach und nach gegen den alten
Freund erkälten mußte.

Er fand sich auch hier mehr und mehr auf jenen
Standpunkt gedrängt, den Hermine schon längst ein=
genommen hatte — er fühlte sich dem Hause fremd
werden. Und es konnte nicht ausbleiben, daß er, im
Ganzen sich schuldlos wissend und voll der alten
treuen Neigung, die Gründe dieser Entfremdung nicht
in sich, in seinen veränderten Verhältnissen suchte,
sondern sich seinerseits von den Freunden verletzt,
zurückgedrängt fühlte.

Aber was ihn am weitesten aus seiner früheren

Stellung drängte, waren nicht die stets mehr sich häufenden Geschäfte und auch nicht seine eigenen Träume und Interessen, sondern es war das freilich noch kaum recht klare Bewußtsein, daß er selbst wirklich die alte Bahn der Vaterlandsfreunde verlassen habe und dem Treiben und Werben der anderen Seite nicht mehr den früheren Widerstand leiste. Die anscheinend wenig bedeutende Unterredung, die er neulich mit der Herzogin gehabt, war für ihn dennoch entscheidend geworden. Er, der bisher ihrem harten Wollen unbeugsam Stand gehalten, widerstand nicht mehr ihrem Schmerze oder ihrer Bitte, und er fing an, die starr gegeneinanderstehenden Rechte des Landes und der Regierung anders abzuwiegen, als bisher. Dazu erfuhr man gerade in diesen Tagen, daß der —sche Hof Miene mache, den schleppenden Bundestagsweg zu verlassen, und zum directen, nöthigenfalls gewaltsamen Handeln überzugehen, während im Lande selbst die Anzeichen sich mehrten, daß man von drüben die allgemeine Unzufriedenheit zu steigern und sich zu Nutze zu machen suchte. Es erschien Eugen unmöglich, die vorhandene, wenn auch noch so gerechtfertigte Opposition, jetzt grade durch sein Auftreten, durch seine anscheinende Zustimmung zu stärken.

Vielmehr mußte dieselbe jetzt ernstlich zurückgebrängt werden, mußten er und alle Getreuen besto fester zu dem Fürstenhause stehen — er sagte sich nicht, wie es doch eigentlich lautete: zur Fürstin. Durfte diese Frau, eine wirkliche Fürstin an Schönheit, an Geist, an Kraft, wie er sie nun hieß, eine Natur, deren Schlacken sich sicherlich immer mehr abstoßen würden, deren Billigkeit und Einsicht, wenn man sie ihr nicht durch Ungebühr trübte, bestimmt das Beste des Landes förbern müßten, — sollte sie so elenden und nichtswürdigen Intriguen unterliegen? Sollte sie der Frechheit nachgeben, die sich im „Pöbel" gegen sie regte? Sollte sie ihr heiteres, schuldloses Leben von Rücksichten abhängig machen, die jeder Unterthan in seinem Kreise zu umgehen sucht?

Denn heiter war dies Leben, das sie jetzt führte, allerdings, und Eugen hatte nur in der Stille oft zu bewundern, daß sie es so gestalten mochte und konnte, obgleich es in den Verhältnissen manches gab, was auch das stärkste und leichteste Herz niederbrücken mußte. Aber schuldlos war es auch. Jetzt, wo er fast bei jeder Anwesenheit länger in der nächsten Nähe der hohen Frau und selbstverständlich um vieles zwangloser verweilen und verkehren durfte, als es in

der Residenz möglich war, — jetzt konnte er täglich
deutlicher und innerlich froher erkennen, wie harmlos
fröhlich diese Natur angelegt war, und daneben dennoch so voller Würde und Reinheit; wie fern ihr jede
unlautere Regung schien, wie freisinnig und wiederum
wie rein sie über das Leben und seinen Genuß für
sich und andere dachte.

Von einem Interesse, das wie man zu sagen
pflegt, über das rechte Maß hinausgeht, war bei ihr
für niemand etwas zu spüren, und Eugen durfte,
wenn er sich noch jener von Lucretia erwähnten Pläne
erinnerte, jetzt spöttisch die Achseln zucken. Was
Graf Valer auch selbst, oder was andere mit ihm im
Sinne gehabt, — bei Herzogin Leopoldine ging es
verloren. Es war in ihrem Verkehr mit ihm kaum
eine auch nur leise Veränderung hervorgetreten, —
ihre Stimmung wurde durch seine Gegenwart oder
Abwesenheit so gut wie nie ernstlich beeinträchtigt, die
durch die längere Bekanntschaft und den häufigen
Umgang beförderte natürliche Unbefangenheit und —
wenn man so sagen darf: Vertraulichkeit wurde nicht
einmal getrübt. Kurz, was Hermine längst heraus-
gefunden und dem Bruder freudig mitgetheilt, er
mußte ihm jetzt nicht minder froh zustimmen.

Wäre er nur eben so sicher gewesen, daß der gefährliche schöne Mann auch auf Hermine keinen mehr als oberflächlichen Eindruck gemacht, daß in ihr keine Gedanken und Empfindungen angeregt worden, die, wenn einmal wach geworden, ihre Ruhe auf lange Zeit stören mußten. Er konnte sich selber nicht verbergen, daß dies vermuthlich schon stattgefunden hatte, grade weil die Schwester seine gelegentlichen leisen Mahnungen so ganz außerordentlich empfindlich aufnahm und sie so herb zurückwies; ja, er bemerkte zu seinem ernstlichen Schrecken gut genug, daß der kleine in Desirade hausende Kreis nicht nur beobachtete, sondern auch mit seinem Urtheil schon im Reinen zu sein schien. Es beruhigte ihn nicht ganz, daß er in Herminens Charakterfestigkeit und Reinheit einen Schutz gegen wirkliche Verirrungen sehen mußte, noch daß die Fürstin selber das sichtbare Interesse des Paares für einander augenscheinlich wie ein nicht im entferntesten bedenkliches betrachtete. Und selbst die Offenheit und Heiterkeit, mit der dieses Interesse vom Grafen Baler wenigstens keineswegs scheu verborgen wurde, konnte ihn nicht gleichgültig werden lassen.

Aber freilich, diese Sorgen und Befürchtungen konnten, wie es einmal in ihm stand, keine dauernden

fein. Wir haben gefagt, was alles in ihm lebte und
webte, ihn abzog und zerftreute, und wir brauchen
wohl kaum anzuführen, daß das überrafchende Be=
gegniß jenes Abends gleichfalls im Herzen und Kopf
Eugen's feine Stelle beanfpruchte. Es wäre unnatür=
lich gewefen, hätte daffelbe auf ihn, den jungen und
doch warmblütigen Mann, keinen Eindruck gemacht,
hätte er nicht nach voller Aufklärung zu forfchen ver=
fucht. Erfchreckt und zurückgeftoßen würde ihn nur
eine Möglichkeit haben, die aber, wie er fich zur Be=
ruhigung fagte, eben nicht vorhanden war: es lag
zwifchen ihm und Madame Gauche mancherlei, was
ihre Neigung von ihm grade fern halten follte. Und
dagegen drängte fich ihm eine andere Möglichkeit auf,
die ihn immerhin beglücken durfte: Fräulein von Raus=
nitz war ihm feither näher getreten und fchien auch
von ihm einen Eindruck empfangen zu haben, der
Eugen nur fchmeichelhaft fein konnte und willkommen
war. Er fand in der anmuthigen, ruhig heiteren Dame
alle Garantieen für ein glückliches gemeinfames Leben.
Freilich, grade zu ihrer ruhigen Heiterkeit, zu ihrem
Takt ftimmte jene Begegnung gar nicht, aber dennoch
verbanden feine Gedanken fie am liebften mit ihr.
Wer fonft in Frage kommen konnte, mußte, wenn

durch den Moment ihm genähert, nach demselben
seinem Herzen fern bleiben.

Dies alles, was ihn für die Schwester, für sich
selbst sei es bewegte, sei es zerstreute, beglückte oder
mit Sorgen erfüllte, trat ihm am heutigen Vortrags=
morgen in Desirade lebhaft vor Augen. Die Fürstin
betheiligte sich an den Geschäften eifriger als je, der
Herzog zeigte sich einmal wieder von der unerfreulich=
sten, halb eigensinnigen, halb finsteren Seite. Er
mußte tief verstimmt wahrnehmen, daß der Einfluß
Reigenbach's und des Hofpredigers wieder im Steigen
begriffen war und sogar Uebergriffe in die ihm an=
vertrauten Geschäfte versuchte. Es war nicht nur von
einer Verordnung die Rede, welche das „Seelenheil"
der Truppen in „strengste Obhut" nahm, sondern
auch von Anstellung besonderer Prediger für die ein=
zelnen kleinen Truppentheile. Er erfuhr theils direct,
theils wieder einmal nur in Andeutungen, daß alle
die unglücklichen militärischen und finanziellen Maß=
regeln, denen er sich nach Kräften widersetzt und die
er für abgethan gehalten, jetzt dennoch beschlossene
Sache seien, und er fühlte sich um so mehr gereizt,
als ihn schon jene oben erwähnten Uebergriffe auf
das tiefste verstimmt hatten. Seine freimüthige Oppo=

fition rief die barschesten und heftigsten Erwiderungen
des Herzogs hervor, und wer weiß, wohin es gekommen wäre, hätte nicht ein halb bittender, halb
ernster Blick der Herzogin Eugen wenigstens schweigen
laſſen.

„Seien Sie einsichtig, Major", sprach sie nach
dem Schluß des Vortrags, als der Herzog sich störr-
rig in sein Kabinet zurückgezogen hatte, zu ihm.
„Begreifen Sie endlich, daß bei meinem Gemahl ein
Widerstand, wie der Ihre, sobald er sich, sobald man
ihm — sie zuckte die Achseln, — einmal was in den
Kopf geſetzt, die Sache nur schlimmer macht. Was
Sie heute verletzt hat, was wirklich Ungehöriges und
Bedenkliches vorgekommen, sehe ich gut genug ein,
und verspreche Ihnen, daß es womöglich hintertrieben
werden soll. Aber mit Heftigkeit geht das nicht, mein
Freund; wir müſſen andere Wege gehen, beſonders
solche, wo der Herzog den — Schwarzrock aus den
Augen verliert. Haben Sie Vertrauen, ich kenne
meinen Gemahl; er kommt am ersten von dieſen Dingen zurück, wenn man ihn durch kein Wort an ſie
erinnert und ihm ein anderes — Spielzeug in den
Weg schiebt. Das ist meine Sorge." Sie lächelte
seltsam, aber plötzlich wurde dieses Lächeln ein sonnig

heiteres, und indem sie ihm die Hand zum Kuß bot, fuhr sie fort: „lassen Sie uns zusammen halten, Herr von Stillberg — Sie sollen dabei nicht zu kurz kommen. Und jetzt — Sie bleiben heute da! — seien Sie wieder ein freier Mann und munter. Sie müßten eigentlich so ein gewisses Interesse für jemand haben, das unterhält uns selbst und unsere Umgebung. Sehen Sie einmal da hinab — Ihre Schwester und mein Cousin machen es Ihnen vor."

Sie standen auf der Terrasse, von der man hier weit in den Park, auf die prächtigen Rasenplätze, zu den schönen Baumgruppen hinabschaute. Es war heut spät geworden, die kleine Hofgesellschaft zeigte sich drunten schon versammelt, und beobachtete sichtbar genug mit Interesse das von der Fürstin genannte Paar, das in einem der Wege auf und abschritt, der Graf plaudernd, Hermine mit — man sah es von hier — bewegter Miene und gerötheten Wangen. Eugen runzelte die Stirn.

Die Herzogin hatte dies bemerkt. „Was giebt's, Major?" fragte sie lächelnd. „Ich hoffe, Sie mißgönnen dem theuren Kinde nicht diese kleine Unterhaltung?"

„Unterhaltung?" murmelte er.

Ihr Auge blitzte auf und sie sagte beinah strenge: „Unterhaltung, Major. Ich bürge Ihnen dafür, daß es nicht mehr wird. Ich habe unsere Hermine zu lieb, als daß ich sie aus meinen Augen ließe." Und heiter fügte sie hinzu: „Nun, genügt Ihnen das, mein Herr?"

So sehr ihn die Worte überraschten, so sehr beglückten sie ihn. Diese Theilnahme — und es sprach alles dafür, daß sie aushielt, — war wirklich ein Schutz, wie er ihn der Schwester und sich nicht besser wünschen konnte. Und so gab er sich den Unterhaltungen des Tages verhältnißmäßig leichten Herzens hin, befriedigt durch die wieder behagliche Laune des Herzogs, und interessirt durch die Aufmerksamkeit, die ihm Frau von Derffen heut mehr als je zuwandte, — so sehr, daß die Herzogin Abends bei der Abschiedsverbeugung schalkhaft zu ihm äußerte: sie freue sich seines Gehorsams. Jenes von ihr für ihn gewünschte Interesse scheine schon vorhanden zu sein und es sei jetzt an ihm, es sich zu Nutze zu machen. „Es ist immer ein Ruhm, Major", fügte sie hinzu, „Marie Derffen — interessirt zu haben. En avant, mon brave!"

Er ritt heut in ganz anderer Stimmung als neulich, ja ganz heiter Nachts in die Residenz zurück, und selbst Baler's Begleitung war ihm zum mindesten nicht unwillkommen — heut fand das Mißtrauen bei ihm keine Statt, und die beiden Herren lachten und plauderten den ganzen Weg entlang.

Diese gute Laune blieb auch am nächsten Morgen noch vorherrschend, obgleich man ihm von einer neuen Erscheinung des Gespenstes Meldung machte, die in der letzten Mitternacht den Posten im oberen Corridor derartig erschreckt hatte, daß man den Burschen bei der Ablösung betäubt im Gange liegen fand. Eugen befahl für die nächste Nacht diesen Posten gar nicht mehr auszustellen und beschloß, die Wache einmal selbst wieder zu übernehmen. Er wollte und würde eine Aufklärung finden, vorausgesetzt, daß das Gespenst wirklich von neuem erschien. Bisher freilich war es nur mit der größten — man mußte sagen: Willkürlichkeit aufgetreten.

Seine Stimmung wurde erst wieder ernster und schwerer, als er noch zu früher Stunde eine zweite Meldung erhielt, nach welcher die Prinzeß Eugenie, eine nahe Verwandte der Herzogin, auf ihrer Reise heut die Residenz berühren und erst am nächsten Tage weiter fahren werde.

„Was fangen wir an?" fragte der Haus-Intendant kopfschüttelnd. „Ich weiß es vom Degenberg her, daß unsere Herrschaft diesen Besuch nicht besonders liebt. Auf ihre Abwesenheit können wir uns doch nicht berufen, und nach Desirade hinüber, Herr Major —"

„Ich will selber hinüber reiten", sagte Eugen entschlossen; „es entscheidet sich dann am schnellsten, und die Herzogin kann ihre Vorkehrungen treffen, wenn sie sich für Annahme des Besuches erklärt. Irre ich mich, oder war neulich davon die Rede, daß die Prinzessin mit dem —schen Hofe eng verbunden sei?"

„Das ist's eben", erwiderte der Intendant achselzuckend. „Freundschaftlich ist dieser Besuch sicher nicht — es ist keine Freundschaft da — und überdies gilt die Prinzessin als eine der intriguantesten Damen, die" — der Sprecher lachte — „am liebsten ein wenig in Politik macht."

Die Wirkung dieser Nachricht war noch bei weitem tiefer, als die Beiden sie erwartet hatten, und ging weit über einen alltäglichen Verdruß hinaus. Es war noch so früh, daß Eugen die Herzogin mit ihren Damen ganz ländlich unter den Parkbäumen, beim Frühstück fand. Der Herzog hatte sich selbst herzu gefunden und schien in behaglicher Laune zu sein. Man empfing den Adjutanten heiter; als er aber auf das Verlangen der Herzogin sogleich seine Mittheilung gemacht, fuhr Serenissimus mit einem — es ist unerhört, aber leider völlig wahr! — recht ordentlichen Fluch von seinem Gartenstuhle auf, und selbst die Fürstin ließ ein Wort laut werden, das auf ihren Lippen fast dieselbe Bedeutung hatte, wie das: „schlage ein Donnerwetter drein!" auf denen des Gemahls. „Wir reisen ab — ich will sie nicht sehen!" rief der Herzog, von neuem mit dem Fuß stampfend. „Gelt, Leopoldine. — Du denkst auch so?"

Die Fürstin hatte seit ihrem Ausruf ihre großen Augen nachdenklich auf ihm ruhen lassen. Nun wurde der Blick plötzlich lebhafter, ein flüchtiges Erröthen zuckte über ihre Züge, ein Lächeln folgte, und mit eigenthümlich bewegter Stimme sagte sie: „doch nicht, mein Freund! Im Gegentheil — wir dürfen ihr nicht ausweichen. Ich muß wissen, was sie im Sinne hat, wohl verstanden" — und die hohe Frau lächelte schalkhaft — „ohne daß sie es mir sagt, ohne daß sie Gelegenheit findet, ihre Netze zu spinnen. Bleibe ruhig hier, August — Du bist zu unwohl, sie zu sehen. Ich gehe hinein und empfange sie — ganz einfach, verwandschaftlich, so daß sie Wunder glaubt, wie viel

Zeit zum Aus- und Besprechen zu haben. Nur Sie begleiten mich, liebe Derffen, und Du, Bertha. Du, mein Kind", wandte sie sich noch immer lächelnd an Hermine, „bist noch nicht erfahren genug für unser heutiges Spiel. — Reiten Sie zurück, Major, und lassen Sie alle Vorbereitungen treffen. Ich komme zeitig — ich muß noch unsere alte Hoheit sehen. Wir wollen ganz unter uns sein. Sie und Herr von Kallensee werden die einzigen Herren zwischen uns Damen sein — nehmen Sie sich in Acht vor ihm, Major, er ist ein feiner und falscher Kopf! — Aber — charmant, daß ich daran denke! Gräfin Blanche war mit Eugenie vordem nahe liirt. Herr von Pengen, fahren Sie sogleich nach Hindenburg und bringen Sie Ihrer Erlaucht unsere Einladung für den heutigen Abend! — Es müßte doch seltsam zugehen, wenn wir unserer lieben Cousine nicht auf das herrlichste Stand zu halten vermöchten."

Sie war aufgestanden, da sie so sprach, sie stand zwischen den Uebrigen stolz und schön. Man dachte gar nicht an die Offenheit, mit der sie sich äußerte; man sah nur auf die Anmuth der schalkhaften Frau, auf die rasche, stolze, sichere Entschiedenheit der Ge-

bieterin. Selbst des Herzogs Auge hing sichtbar mit
ungewöhnlicher Theilnahme an ihr.

Es geschah Alles, wie sie es bestimmt hatte. In
früher Nachmittagsstunde langte sie mit ihren genann-
ten beiden Begleiterinnen an; selbst Gaston, den sie
augenscheinlich verzog, selbst Dame Therese, ohne
welche sie bisher niemals für eine Nacht ihren augenblicklichen Wohnsitz mit einem anderen Platze ver-
tauscht, mußten in Desirade zurückbleiben, eine Bestimmung, die was die Kammerfrau anging, sowohl
draußen im Jagdschlößchen, wie auch im Residenzschloß um so weniger unbemerkt blieb, als man überhaupt in der letzten Zeit wahrgenommen haben wollte,
daß die Fürstin die Vertraute nach und nach von sich
entfernte.

Die Herzogin machte ihrer alten Verwandten
den bestimmten, ziemlich langen Besuch; darauf zog
sie sich mit ihren Damen und der inzwischen ange-
langten Gräfin Blanche in ihre Gemächer zurück und
empfing dort auch die hohe Verwandte. Man blieb
in der That bis zum Abend ganz unter sich, und
auch da wurde der kleine Zirkel nur durch die Anwesenheit der alten Herzogin und einiger Damen und
Herren aus ihrer nächsten Umgebung vergrößert.

„Mit unserem eigenen Hofe steht es schlecht, meine Cousine," hatte die Fürstin entschuldigend zu ihrem Gaste gesagt. „Alle Welt ist verreist oder krank. Wäre hier meine liebe Derffen nicht, ich wäre fast ebenso einsam wie auf dem Degenberg."

Wie ruhig, ja wie heiter diese Worte auch klangen, bemerkte die Umgebung der Fürstin doch, daß die hohe Frau sich nicht ganz so sicher fühlen mochte, wie es ihre Worte am Morgen zu verheißen geschienen. Sie war sichtbar zerstreut, und einer — für ihre gewöhnlich selbst in der Heiterkeit noch stolze Haltung, fast ausgelassenen Lebhaftigkeit folgten mehr als einmal Momente, wo sie sich einer tiefen Träumerei überließ und wenig auf das zu achten schien, was um sie her vorging.

Als die Gesellschaft entlassen wurde, wandte sie sich noch einmal an Eugen, dem sie noch — seltsam genug am heutigen Abend und in dieser Umgebung — einen dienstlichen Auftrag für den nächsten Morgen gegeben hatte, und indem es hell und schalkhaft durch ihr blaues Auge leuchtete, sagte sie: „Nun Major, in der letzten Nacht wieder unser Gespenst? Wird dies Geheimniß denn wirklich unergründlich bleiben? — Ich wünsche Ihnen Glück zu Ihrer Wache."

Die Frage, wie sie von seinem Vorsatze erfahren — der Intendant mußte freilich darum — beschäftigte ihn in diesem Augenblick weniger, als es ihn beinah verletzte, daß ihn, wie schon sonst, auch jetzt wieder aus ihren Worten ein Etwas ansprach, das einen gewissen Glauben an seiner eigenen Betheiligung an dieser — sagen wir: Intrigue zu verrathen schien. War sein Entschluß daher noch kein fester gewesen — jetzt versprach er sich selbst, alles an die Aufklärung, womöglich noch in dieser Nacht zu setzen.

Bei der Ermüdung des hohen Gastes war man zeitig auseinander gegangen, und als Eugen kurz vor Mitternacht sich auf seinen Posten begab, regte sich im Schlosse nichts mehr. Er hatte sich so gut wie möglich überzeugt, daß nirgends ein anderer Lauscher verborgen sei, und nahm nun seinen Platz hinter der Säule, welche im ersten Stock des Pavillons hart neben der großen Treppe das Gebälk der oberen Geschosse trug. Hier mußte der Geist, wenn er seinem alten Wege folgte, nothwendig hart an ihm vorüberkommen, und von einem Entweichen konnte rückwärts, in den Pavillon hinein und gegen die dort liegenden

Zimmer seiner Schwester zu für einen Menschen keine Rede sein.

Mit einem mal, es mochte wenige Minuten über Zwölf sein, hörte er einen unterdrückten Schrei und dann eine Thür hart schließen. Das konnte nur von einem Zimmer Bertha's kommen, und er erinnerte sich obendrein, daß die junge Dame in der Nähe gestanden hatte, als die Fürstin jene letzten Worte zu ihm geredet. Zum Nachdenken hatte er aber keine Zeit, denn im nächsten Augenblick und so plötzlich, daß es ihn dennoch überraschte, glitt die Erscheinung durch die Halle und ganz nahe an ihm vorüber, wirklich und wie er gehofft, in den breiten Corridor hinein, an dem Herminens Zimmer lagen, — ganz wie immer rasch, unhörbar, völlig verhüllt von dem weiten, langen, weißen, schleierartigen Gewand, durch das sich kaum die Umrisse des bleichen Gesichts erkennen ließen.

Eugen war schon gefaßt und folgte rasch, doch in einiger Entfernung, denn hier, wo Fräulein von Rausnitz wach und nahe, wollte er die Entwickelung nicht, die möglicherweise zu sehr unerwarteten Resultaten führen konnte. Und er folgte um so ruhiger, da, wie er sich wiederholte, hier an keinerlei Entgehen, an keinerlei Versteck zu denken war und ihn obendrein

in den Bewegungen der Gestalt etwas angemuthet
hatte, das ihm die Menschlichkeit derselben unwiderstehlich zu beweisen schien.

Der Corridor lief in einen ausgangslosen Winkel
aus, — da glitt sie hinein, wie er bei der dämmern-
den Helle der fernen Lampe gut genug bemerkte, und
dahin trat er ihr nach und — fuhr zurück, denn —
der Winkel war leer. Ein Irrthum war unmöglich.
Er hatte sie hineinschreiten sehen, er hatte alle Thü=
ren im Auge gehabt, es war keine von ihnen geöffnet
worden; es war kein Ausgang da als zurück, an ihm
vorbei, und der Corridor war weder dunkel noch breit
genug, als daß ein Vorüberkommender hätte übersehen
werden sollen.

Es war eine Art von Ingrimm, mit dem er gegen die Wand stieß — der Klang wiederholte ihm,
was er längst wußte — hier war alles fest. Und
nachdem er noch einige Augenblicke gewartet, finster
in den Corridor hineinstarrend, raffte er sich auf und
ging zurück, die Treppe hinab, seiner Wohnung zu.
Also wieder umsonst! Und der verhöhnte Aberglaube
des Pöbels — mußte nun dennoch auch er sich ihm
beugen?

Er schritt durch das dunkle Vorzimmer und stieß

die angelehnte Thür des Wohngemachs, wo seine Lampe noch brannte, mißmuthig mit dem Fuße zurück. Und wie erstarrt säumte er in dieser Thür, denn da, mitten in dem Raum, im hellsten Lampenlicht, da stand die weiße, tief verhüllte Gestalt leibhaftig vor ihm.

Dreißigstes Capitel.

Statt der unirdischen Räthsel zeigen sich irdische und die Krämpfe des Herzogs verrathen noch schwerere für die Zukunft.

Der hohe Gast verließ die Residenz schon zu früher Morgenstunde wieder, und Herzogin Leopoldine kehrte gleichfalls noch in der Kühle des Morgens nach Desirade zurück, in einer freundlichen, jedoch zugleich auch nachdenklichen Stimmung. „Ich bedauere Sie wie jeden, der hier zurückbleiben muß," sagte sie vor der Abfahrt zu Eugen. „Man lernt erst hier unser kühles Waldnest schätzen — es ist unerträglich hinter diesen glühenden Mauern." Diese Worte und die ein wenig matten Augen bestätigten, was man von der Kammerfrau erfahren hatte, daß die hohe Frau in der Nacht wenig Ruhe gefunden und schon um vier Uhr ihr Lager verlassen habe. Die Gräfin Derffen war dagegen in der heitersten

Laune. Sie erwiderte auf jene Bemerkung der Fürstin lächelnd, daß der Comfort der geräumigen Schloßwohnungen alle anderen Nachtheile wieder ausgleiche.

Was man mit der Prinzessin Eugenie verhandelt, was man von ihr erreicht oder durch sie noch etwa zu erreichen dachte, davon verlautete nichts und selbst Eugen hörte auch in den folgenden Tagen keine Silbe darüber laut werden, obgleich sich mehr als eine Gelegenheit zu solchen Mittheilungen bot und das fürstliche Paar, wie wir wissen, den jungen Mann im Allgemeinen eines außerordentlichen Vertrauens würdigte. Der Adjutant war indessen weder ehrgeizig noch neugierig genug, um ein solches Verschweigen besonders zu empfinden, und er fand sich in diesem Falle auch um so weniger dazu veranlaßt, als er alle Uebrigen in der gleichen Unkenntniß bleiben sah. Man durfte überdies aus der Stimmung der höchsten Personen schließen, daß der Besuch der Verwandten so oder so zu einem befriedigenden Resultat geführt habe, und das konnte den wirklich Getreuen, zu denen man Eugen immer entschiedener zählen mußte, völlig genug sein. Von einer besonders gedrückten oder gar verdrießlichen Laune war selbst am

Herzog nichts zu bemerken; sie war wie immer
schwankend.

An Herzogin Leopoldine freilich machte sich allerdings in dieser Zeit eine veränderte Stimmung bemerklich, nur daß sie gleichfalls nicht als eigentliche
Verstimmung bezeichnet werden konnte. Sie war
zum Unterschied von der vorherrschenden Heiterkeit
und Leichtherzigkeit der vergangenen Wochen eine
bald um vieles gedämpftere und mildere, zerstreute,
ja beinah träumerische, bald aber auch reizbare und
heftige oder wohl sogar einmal übermüthige, mit
einem Wort eine außerordentlich ungleichmäßige geworden, wie man es in solcher Schärfe an der Fürstin noch niemals beobachtet hatte. Die hohe Frau
hatte gegenwärtig Launen und gab sich gar keine
Mühe, dieselben zu beherrschen oder gegebenen Falls
wieder gut zu machen.

Man mußte zu ihnen auch wohl rechnen, daß
die Herzogin an der Einsamkeit und sogenannten Einfachheit des bisherigen Lebens in Desirade plötzlich
nichts weniger als Genügen fand, sondern beinah ungeduldig nach täglich neuen Zerstreuungen, nach einem
bewegteren und glänzenderen Lebensgenuß verlangte.
Von dem Jagdschlößchen wollte sie freilich darum

keineswegs fort, im Gegentheil trug fie eine Art von
ſcherzhaftem Grauen vor der Stadt und dem großen
Schloß, vor den Prachtgewändern und der Etikette
des rechten Hoflebens zur Schau. Die neulich im
Schloß verlebte Nacht mußte bei ihr im ſchlimmſten
Andenken ſtehen, ſie kam noch mehrfach, bald mit
ſcherzenden, bald mit wirklich mißmuthigen Worten
darauf zurück.

Die Fürſtin wollte jetzt viel Geſellſchaft, einen
großen Kreis, lebhaftere und reichere Zerſtreuungen
und Unterhaltungen haben als bisher, und da die
erſten und vornehmſten Familien faſt ausnahmslos
abweſend waren, fanden ſich nun diejenigen herange-
zogen, welche in der eigentlichen Saiſon nur auf den
zweiten Platz Anſprüche zu machen hatten. Der
Tauſch war indeſſen, und zwar augenſcheinlich nicht
bloß für die Herzogin ſelbſt, ein keineswegs übler.
Man entdeckte unter dieſen verhältnißmäßig unbe-
kannten Menſchen manche ganz intereſſante und an-
ſprechende Leute, welche jenen fernen erſten Größen
reichlich die Wage hielten und überdies mit bei
weitem geringeren Anſprüchen auftretend, auch um
vieles leichter zu amüſiren und befriedigen waren.

Und das war immerhin ein Vortheil, denn die

Lage und Größe von Desirabe ließ sich nicht verändern und legte selbst dem Willen der Herzogin unvermeidliche Beschränkungen auf, verlieh der Geselligkeit, den Vergnügungen einen Charakter, welcher der augenblicklichen Laune der hohen Frau zwar zusagte und den versammelten Kreis selbstverständlich entzückte, höheren Ansprüchen aber schwerlich genügt haben würde. Jetzt, wo man dem Willen der Gebieterin von allen Seiten auf das willigste und hochentzückt entgegenkam, ordnete und schickte sich alles leicht, wurde nirgends ein Mißlingen, ein Verdruß, eine Klage über unabweisbare Unbequemlichkeit bemerkbar. Der Zwang und die Beschränkung hier gaben auf der anderen Seite Veranlassung zu einer desto größeren Freiheit und Ungezwungenheit und steigerten nicht selten die Heiterkeit aller bis zu einer Art von Ausgelassenheit.

Man floh lachend vor einem Gewitterregen aus dem Theater zurück, das man zwischen den Alleen und Hecken des Parks eingerichtet hatte, um sich hie und da durch die aus der Residenz herbeigeführten Künstler unterhalten zu lassen; man schickte sich nach einem lange dauernden Abendfeste lachend in die wenigen zu Gebote stehenden Räume. Die Fürstin

halte unter den alten Bäumen in der Nähe des
Schlößchens ein paar baracenartige Holzhäuschen
aufschlagen und einrichten lassen, so daß man immerhin eine größere Zahl von Gästen für die Nacht be-
herbergen konnte, allein es gehörte zumal für die
Damen mit ihren Tolettenbedürfnissen dennoch viel
guter Wille dazu, sich durch ein solches Unterkommen
nicht verstimmen zu lassen. Und man ließ sich endlich sogar durch die Erscheinung des Herzogs nicht
stören, der, wenn er die Gesellschaft überhaupt seines
Besuches würdigte, zum mindesten gelangweilt und
wie die meisten im Geheimen denken mochten, überaus überflüssig sich durch dieselbe hinbewegte. Die
Fürstin ging darin den Gästen mit ihrem Beispiele
voran; bei ihren Zerstreuungen und Vergnügungen
wurde auf eine Betheiligung ihres Gemahls niemals
gerechnet.

Die oben erwähnte Veränderung in der Stimmung der Fürstin offenbarte sich am deutlichsten in
der Weise, wie sie den beiden Männern begegnete,
die wir bisher am häufigsten in ihrer Nähe fanden,
und zwar war die Aufnahme, die Graf Baler gegenwärtig beinah ausnahmslos fand, eine in der That
völlig andere geworden: er lernte in der Fürstin,

ohne daß man von einem Grunde erfuhr, jetzt fast nur die kalte und stolze Gebieterin kennen und vernahm nicht selten Worte, die nichts weniger als gnädig klangen, ja mehr als einmal ziemlich unumwunden andeuteten, daß man seine Entfernung nicht groß beklagen würde. Anfechten ließ er sich dadurch, wie man in der Gesellschaft sehr wohl bemerkte, freilich außerordentlich wenig, bewegte sich vielmehr womöglich mit noch größerer Harmlosigkeit und Ungezwungenheit weiter oder widmete gar seiner ungnädigen schönen Verwandten in der heitersten Weise eine noch ehrerbietigere Aufmerksamkeit und Huldigung als bisher, wohl verstanden, ohne daß auch jetzt selbst Argwohn und Uebelwollen daran hätten Anstoß nehmen können. Wenn der Graf überhaupt eines lebhafteren, tieferen Interesses fähig war, wandte er dasselbe augenblicklich sicher nicht seiner Cousine zu.

Noch viel interessirter achtete man indessen auf die Stellung, welche die Fürstin in diesen Wochen gegen Eugen einnahm, — hier zeigte sich die erwähnte Launenhaftigkeit in ihrer bedenklichsten und empfindlichsten Weise. Es gab der Stunden oder vielmehr der Augenblicke noch manche, wo sie ihm die

gnädige, vertrauensvolle, ja nicht selten scherzhafte
und herzliche Gebieterin zeigte, aber ihnen folgten
häufig genug und ohne den leisesten Uebergang andere, wo ihm die kalte und stolze fürstliche Hoheit
unnahbar gegenüberstand oder wo er anscheinend kaum
für sie vorhanden war. Und wie dies sich in den
Stunden der Geselligkeit zeigte, an denen er sich
überdies seltener betheiligen durfte als seither, so
offenbarte sich die Veränderung noch deutlicher in den
Geschäftsstunden, wo gegenwärtig viel weniger von
einem Besprechen und Berathen als von einem ruhigen Anhören und bestimmten Entscheiden die Rede
war, welches letztere jede Einwendung von vornherein abschnitt.

Von solchen Einwendungen und dem früheren
gelegentlichen Widerstande sollte der Adjutant, wie
man vernahm, neuerdings freilich auch weniger bemerken lassen. Er fügte sich den Ansichten und dem
Willen seiner Herrschaft fast immer williger und
schneller als jemals sonst, ja kam ihnen nicht selten
schon auf halbem Wege entgegen. Und er that das
nicht verstimmt oder gar mißvergnügt und finster,
sondern mit der besten Manier und zeigte auch sonst,
daß er sich in seiner Stellung keineswegs mehr un=

zufrieden fühlte. Ja selbst die erwähnte üble Laune der Fürstin ertrug er gelegentlich auf das heiterste, und war überhaupt nach der Meinung der Gesellschaft viel frohsinniger und liebenswürdiger geworden, ein Cavalier, der jedem Hofe zur Zierde gereichen mußte. Er war es nicht gewesen, der sich durch den Spott der Herzogin über das steigende Interesse der Gräfin Derffen für den auflebenden Adjutanten verletzt gezeigt hatte. Die Oberhofmeisterin dagegen hatte so beleidigt gethan, daß man sie nur mit Mühe von ihrer augenblicklichen Abreise zurückhalten konnte.

Es gab im ganzen Hofkreise nur zwei Persönlichkeiten, welche niemals unter solchen Launen der hohen Frau zu leiden hatten, vielmehr sich einer immer gleichen Gnade erfreuten: Hermine, gegen welche Güte und Herzlichkeit der Gebieterin täglich noch zuzunehmen schien, und Gaston St. Laurent, derschmucke Page, der stets in der nächsten Umgebung der Fürstin zu finden war und dem, wenn auch einmal mit Achselzucken, die größte Ausgelassenheit von ihr nachgesehen wurde. Er war nun achtzehn Jahre alt und hatte in diesem Sommer in's Militair treten sollen, allein die Herzogin hatte diesen Uebertritt noch verschoben zu sehen gewünscht, und er war mit einer solchen Bestimmung mehr als zufrieden, viel zu übermüthig und auch wohl viel zu weichlich, als daß er sich hätte in die straffen Dienstregeln fügen mögen oder Sammet, Seide und Spitzen der koketten Pagentracht mit der festtuchenen Uniform hätte vertauschen sollen.

Es war gar kein Geheimniß, daß die Herzogin nicht bloß die Lustigkeit, der Uebermuth, die ganze, zu allen Tollheiten aufgelegte, von Einfällen übersprudelnde, nur vor ihrem Willen und Blick sich beugende Weise des jungen Menschen amüsirte, sondern daß ihr auch seine äußere Erscheinung gefiel: er war ein bildhübscher Junge. Ueberdies sprach aber auch sicherlich seine nahe Verwandtschaft mit den Helkenberg für ihn, welche — wenigstens die Gräfin — bei der Fürstin unverändert in der höchsten Gnade standen. Diese Gnade hatte sich, wie man bei Hofe fest glaubte, ja von ihnen auch auf andere erstreckt: die Geschwister Stillberg waren ursprünglich nur der Gräfin Leonie wegen bevorzugt worden, und Madame Gauche hätte ohne eine solche Schwägerin sich schwerlich mit der Freundlichkeit aufgenommen gesehen, welche Herzogin Leopoldine ihr jetzt bei jeder Gelegenheit erwies.

Wie gut Gräfin Leonie bei der hohen Frau stand, schloß man nicht bloß aus diesen und anderen Anzeichen — beide standen im lebhaften Briefwechsel — sondern erkannte es auch aus der Dringlichkeit, mit welcher die Einladung zum Besuch in Desirabe mündlich und schriftlich wiederholt wurde, und sah es nun auch, da das gräfliche Paar endlich wirklich erschien. Und dennoch war bei diesem Besuche etwas, das die Umgebung der höchsten Herrschaften für diese beinah verletzte: nicht bloß der lange Aufschub nach so häufigen und dringenden Aufforderungen, sondern auch die ziemlich unumwundene Erklärung Leoniens, daß ihre Badereise sie hier vorüberführe und ihr nur einen sehr kurzen Aufenthalt gestatte.

Herzogin Leopoldine erfuhr hiervon entweder nichts oder achtete nicht darauf. Die Aufnahme des gräflichen Paares war eine glänzende, ja noch mehr, eine überaus herzliche, von dem ersten, sichtbar freudigen Empfang an, während der Tafel und der folgenden Plauderstunde, bei der Promenade durch den kühlen Park, bei dem „improvisirten" Feuerwerk am Ufer des kleinen Sees, endlich während des wiederum „improvisirten" Balles, der statt des einigermaßen gefürchteten Concerts den Tag schloß.

16*

Hellenbergs waren stets in nächster Nähe der Herrschaften, ja wurden, wo man sich einmal getrennt hatte, von diesen alsbald wieder — wir hätten beinah gesagt: aufgesucht. Die Herzogin ging mit Leonien mehrmals in lebhafter Unterhaltung einsam in den Parkwegen, in den Sälen auf und ab, ja verweilte gleich Morgens fast eine Stunde lang allein mit ihr in ihrem Boudoir. Mit dem Grafen plauderte sie gleichfalls mehr als einmal, hatte ihn bei Tafel an ihrer Seite und eröffnete Abends an seinem Arm den Tanz.

Noch interessanter war das Benehmen des Herzogs selber. Er hatte für die schöne Erlaucht eine ganz ungewöhnliche Aufmerksamkeit und schmeichelhafte Worte, wie selbst Leonie sie von ihm noch niemals vernommen hatte, und mit dem Grafen Robert plauderte er sogar in beinah cordialer Weise. Er beredete Pläne zu großen Herbstjagden, er stellte seinen Besuch auf Burg Ehden in Aussicht. Später sah er — es war wirklich schier unerhört! — dem Tanz eine ganze Weile lang gnädig zu und erging sich in launigen oder wohlwollenden Bemerkungen über die einzelnen Paare. Man hatte den Herrn noch nie so aufgeweckt, so — weltlich gesehen. Gräfin

Blanche behauptete hernach lachend, sie habe ihm an=
gesehen, wie er kaum der Sünde eines Tanzes mit
ihrer Schwägerin entgangen sei.

Alle Zeichen der Gnade aber wurden durch die,
den ganzen einheimischen Kreis theils bestürzende, theils
beinah indignirende Thatsache übertroffen, daß in der
Begleitung des gräflichen Paares Frau von Reigen=
buch erschien, durch Leonie der Fürstin vorgestellt und
von der Letzteren znm. mindesten nicht ungnädig auf=
genommen wurde. Ja, die hohe Frau wandte sich
im Laufe des Tages noch mehrmals an die Dame
und hatte auch Abends hie und da ein Wort für sie,
so daß der Hof sich wohl oder übel zu einer Artig=
keit bequemen mußte, die im anderen Falle nicht
wenigen seiner Mitglieder fern gelegen haben dürfte.
Diese vermochten sich die Nachsicht der Gebieterin
auch nur dadurch zu erklären, daß dieselbe heut über
Hellenbergs alles Andere vergaß oder um ihretwillen
übersah.

Herzogin Leopoldine war sehr heiter und man sah
es ihrer ganzen Erscheinung an, wie zufrieden, wie wahr=
haft glücklich sie sich fühlte. Die bezauberndste Anmuth,
die graziöseste Liebenswürdigkeit, die reizendste Schalk=
haftigkeit umgab sie und durchdrang ihr ganzes Wesen,

so daß man über der schönen Frau der stolzen Herrin ganz vergaß. Selbst der Hofmarschall sagte, da er sie mit dem Major Stillberg tanzen sah, ganz enthusiasmirt zum Grafen Hellenberg: „respectwidrig oder nicht, unsere Hoheit ist doch die Schönste des Abends!"

Leonie machte ihr am heutigen Tage freilich diese Palme nicht streitig. Die Dame hatte, trotz aller Gunst und aller Huldigungen, die ihr wurden, und trotz ihr lebhaften Hingebung an das Vergnügen, sichtbar nicht ihren guten Tag. Ihr schönster Reiz, die jugendliche, rosige Frische, schien verloren zu sein, und es prägte sich in ihrer Erscheinung dafür und nicht zu ihrem Vortheil, etwas Erregtes und Gereiztes, Unstätes und vor allem Gesuchtes aus. Auch die frühere, heitere, graziöse Koketterie war zu einer anscheinend sehr bewußten, ja fast herausfordernden geworden.

An Huldigungen — von Seiten der Männer wenigstens — fehlte es ihr trotzdem nicht, aber ob dieselben, ob der Eindruck, den ihr Auftreten machte, ihr selber genügten, war nicht ganz so zweifellos. Es waren nicht die alten Verehrer von den Winterfesten, sondern meistens nur Sterne zweiter Größe, die ihr heut genügen mußten. Graf Valer widmete sich ihr, wie nicht bloß Blanche bemerkte, außerordent-

sich wenig, und auch Eugen hatte eine sehr geringe Aufmerksamkeit für sie. Auch die Damen der Herzogin folgten dem Beispiel der Herren nur in beschränktem Maße. Hermine besonders blieb der früher so hochgestellten Verwandten heut fast ganz fern.

Leonie ließ sich durch dies alles jedoch anscheinend wenig anfechten. Sie war entzückt über die Gnade der höchsten Herrschaften, sie merkte nichts von der Vernachlässigung oder Kälte Anderer; sie nahm die Huldigungen der Herrenwelt lustig auf, den Kecken Stand haltend und die Schüchternen ermunternd, und selbst Gräfin Blanche glaubte hin und wieder sich geirrt zu haben, wenn sie geargwöhnt hatte, hinter der Lustigkeit und dem Uebermuth der Schwägerin eine große, bittere Enttäuschung, eine harte Unzufriedenheit, eine zornige Ungeduld hervorlauschen zu sehen.

Allein sie hatte sich nicht getäuscht, und in dem ganzen Kreise war sicher nicht Einer und nicht Eine gewesen, welche sich durch Gunst und Huldigung, durch Unterhaltung und Zerstreuung so wenig beglückt, unterhalten und zerstreut fühlte, wie Leonie Hellenberg. Im Gegentheil fühlte sich die schöne Frau durch alles angewidert und gepeinigt, was sie von ihrem einzigen wirklichen heutigen Interesse abziehen wollte, von der

Beobachtung deſſen, was ſich hier verändert hatte, was hier vorging. Und es bedurfte ihres ganzen geſellſchaftlichen Takts, um ſie die Maske der Heiterkeit bis zum Schluß tragen zu laſſen, denn ſie ſah nichts von dem, was ſie wollte, nichts, was ſie gehofft. Nur des Grafen Baier Bemühungen um Hermine nahmen ihre Aufmerkſamkeit eine Weile ernſter in Anſpruch: verbarg ſich hinter dieſem Spiel etwa das, was ſie ſuchte und wünſchte?

Als ſie ſich in ihr Zimmer zurückzog, das die Fürſtin ihr in Deſirade eingeräumt — Mathilde Reigenbach hatte freilich in die Reſidenz zurückkehren müſſen, und Graf Robert war mit ſeiner Schweſter nach Hindenburg gefahren — war ſie aber auch todesmüde von der vergeblichen Anſpannung all ihrer Kräfte, allein zur Ruhe kam ſie darum noch nicht. Denn ſie hatte ſich, nachdem die Kammerfrau ſie entkleidet hatte und dann entlaſſen worden war, kaum in den Seſſel ſinken laſſen, als die Thür leiſe aufging und die Erſehnte mit den Worten hereinſchlüpfte: „meinen devoteſten Glückwunſch, Erlaucht! Das heißt den neuen Feldzug mit doppelten Siegen eröffnen!"

Ueber Leoniens abgeſpanntes Geſicht zuckte zugleich Ungeduld und Verdruß. „Ich bitte Sie, The-

rese," sprach sie hörbar gereizt, „ich habe heut schon
genug Fabalsen hören müssen!"

„Fabalsen!" sagte die Kammerfrau, denn diese
war es, emphatisch, während sie sich jedoch möglichst
bequem in einen Sessel gleiten ließ. „Und ist das
kein Sieg, wie die Hoheiten Sie und den Herrn Grafen aufgenommen? Und ist das kein Sieg, daß Sie
Königliche Hoheit vermocht haben, Frau von Reigenbach sogar freundlich zu empfangen? Jetzt —"

„Therese — Sie tödten mich mit diesen nutz-
losen Worten!" rief Leonie ungeduldig. „Sie lassen
mich warten — warten! Und nun, da Sie —"

„Ja lieber Gott", meinte Therese achselzuckend,
„hätte ich meinen Dienst wie sonst, so würde Erlaucht
schon noch ein wenig länger gewartet haben. Jetzt
freilich —" sie brach mit sanftem Kopfschütteln ab.

Die Gräfin sah hoch auf. „Was heißt das?"
fragte sie lebhaft. „Sie wollen doch nicht sagen —"

„Daß ich die Gnade meiner Hoheit verloren
habe, Erlaucht," entgegnete Therese beinah elegisch.
„Gott weiß, ich ahne nicht warum, nicht wie, nicht
seit wann. Es ist unmerklich herangeschlichen. Es ist
sogar auch jetzt noch äußerlich und für Andere anscheinend völlig beim Alten, — nur für mich nicht.

Hoheit ziehen meine Dienste nicht mehr vor, im Gegentheil, Sie finden, daß ich alt und bequem werde," fügte sie sarkastisch hinzu. „Haben Erlaucht nicht davon gehört? Man hat mir ja schon condolirt."

Die Dame verzog den Mund. „Wer hätte mir davon gesagt!" versetzte sie; „wer sagte mir überhaupt etwas Anderes als Fadaisen! Das, was ich hören wollte, hört' ich nicht — grade die gingen mir aus dem Wege. Therese, was geht hier vor?"

„Aber Erlaucht!" erwiderte Therese verwundert, indem jedoch ihre grauen klugen Augen mit einer Art von mißtrauischem Blick die erregte Dame vorsichtig streiften; „Erlaucht sind grade heut doch so vertraut mit der Hoheit gewesen, so unter sich, hört' ich. Und überdies sahen Sie ja auch Serenissimus, wie ich —"

Eine heftige Bewegung Leoniens ließ sie inne halten und aus den Augen der jungen Frau brach ein beinah zorniges Leuchten. „Ja, ich sah ihn," sagte sie trotzdem erst nach einer Pause in gepreßtem Ton, „aber reden Sie mir nicht davon. Schlimm genug, daß ich es zu ertragen habe! Ich sage das nicht aus Reue über meinen damaligen Uebermuth, nicht aus sklavischen Gewissensbissen — Sie glauben mir das wohl! — aber weil es mich degoutirt, Therese, weil es mich anekelt, wie eine Schmach, und noch dazu wie eine völlig nutzlose. Hätt' ich es ahnen können", fuhr sie noch finsterer fort, „daß jene Thorheit mich auch für alle Folge — genug", brach sie plötzlich ab und erhob den kleinen Kopf, „das, was ich wissen will, erfahre ich nicht von ihr und noch weniger von ihm. Nur Sie können es mir sagen: Was geht hier vor, wiederhole ich?"

Die Kammerfrau saß ganz zurückgesunken, ihr Auge ruhte auf der Gräfin mit nachdenklichem, fast träumerischem Blick, und sie schwieg so lange, daß ihr Gegenüber sichtbar bereits ungeduldig wurde. „Ich möchte lieber fragen, Erlaucht — geht hier etwas vor?" sprach sie endlich leise.

„Therese — spielen auch Sie mit mir?" rief die Gräfin heftig.

„Erlaucht, wie verdiene ich dieses Mißtrauen?" versetzte die Kammerfrau ruhig. „Nein, ich wiederhole meine Frage: get etwas vor? In Ihrem Sinne kaum, möcht' ich glauben. Denn daß sich der Herr sehr lebhaft mit Fräulein —"

„Ah bah!" fiel die schöne Frau ein wenig verächtlich ein, fügte jedoch nach einem kurzen Innehalten in verändertem Tone hinzu: „es müßte denn sein, daß man dies als Maske —'

„Gewiß nicht, Erlaucht, gewiß nicht!" rief Therese lebhaft. „Mit einem Wort, dieser Plan mißlang, — ich kann nicht sagen, ob weil er, ob weil sie nicht wollte, aber er mißlang. Ich habe mich vielleicht überhaupt getäuscht. Das — Temperament ist da, sicher, aber es wird durch irgend etwas beherrscht, das ich — das ich —" Sie stockte.

„Das Sie? — fragte Leonie erwartungsvoll.

„Das ich zuweilen zu ahnen glaube, aber nicht zu nennen weiß," sagte Therese nachdenklich, „zumal jetzt, wo ich Hoheit nicht mehr so nahe stehe. Endlich, und ich halte das nicht für so gleichgültig — ist das Verhältniß zu ihm grade ein ganz erträgliches, vertrauliches."

Gräfin Leonie schüttelte den Kopf. „Und grade das überzeugt mich, daß sich dahinter etwas verbirgt, was uns vollständig befriedigen würde, wenn wir es wüßten und in der Hand hätten," entgegnete sie. „Sehen Sie sie an, Therese! Es muß etwas da sein, was sie so heiter, so träumerisch, so launisch macht, wie sie sein soll. Das, was Sie erwähnten, ist es gewiß nicht, — ich weiß das aus Erfahrung", fügte sie mit einem flüchtigen Zusammenziehen der feinen Brauen hinzu, „und auch Sie sollten es wissen können — die Frau und der arme Alte!" Sie lachte, man hätte sagen mögen: häßlich auf, so wenig harmonirte der scharfe Laut mit ihrer sonstigen glockenhellen, lieblichen Stimme, ein solcher Zug von Hohn und Verachtung glitt durch das schöne Gesicht.

Das Gespräch setzte sich noch eine Weile fort, ohne daß Beide einander zu überzeugen vermocht hätten, ohne daß die Gräfin befriedigt worden wäre, und plötzlich wurde es durch ein leises Klopfen an der Thür völlig unterbrochen. Therese empfing die Meldung, daß der Herzog jählings von schweren Krämpfen befallen worden sei und der Leibarzt die Gegenwart der Herzogin wünsche, da ihn der Zustand des Kranken besorgt mache. Die Kammerfrau entfernte sich rasch, nachdem sie der Gräfin versprochen hatte, wo irgend möglich, noch einmal zurückzukehren. Aber Leonie wartete vergeblich.

War Therese schon durch die Meldung sichtbar bestürzt worden — von solchen Anfällen wußte man bisher trotz der Kränklichkeit des Herrn nichts — sie wurde es noch um vieles mehr, als sie die Herzogin nicht im Schlafgemach und das Lager noch unberührt fand. Sie traf, durch die Gemächer weiter eilend, die hohe Frau in dem letzten derselben, dem sogenannten Boudoir, wo sie, die prächtige Gestalt von dem weiten weißen Negligee umflossen, die Arme über die Brust gekreuzt, einsam auf und ab ging. Sie sah sehr erregt aus — sie mußte geschrieben haben, wie die auf dem Schreibtisch brennenden Lichter und ein auf der geöffneten Mappe liegender Briefbogen anzeigten — und nahm die Störung anfangs auf das ungnädigste auf. Dann aber, als sie den Grund derselben vernommen, war sie sogleich gefaßt, verschloß eigenhändig die Mappe und den Brief und begab. sich rasch zu dem kranken Gemahl.

Der Anfall ging indessen bald vorüber, und am Morgen war der Zustand des hohen Patienten so befriedigend, daß die Herzogin sich der Gesellschaft nicht zu entziehen brauchte, welche es sich in der köstlichen Frische und in den schattigen Wegen des Parks wohl sein ließ.

Ende des dritten Bandes.

Stimmen der Presse
über
Spielhagen's neuesten großen Roman:
In Reih' und Glied,
Verlag von Otto Janke in Berlin.

Seit Gustav Freitags „Verlorene Handschrift" ihren erfolggekrönten Rundgang durch Deutschland machte, hat uns kein deutscher Roman eine so volle Befriedigung gewährt, wie Spielhagens „In Reih' und Glied". Mit großer Spannung folgten wir der Entwicklung des breit angelegten Romans; die in demselben handelnd auftretenden Personen fesselten unser Interesse bis zum letzten Momente und die episodisch in den Gang der Ereignisse verwebten Figuren gewährten uns wohlthuende Ruhepunkte inmitten eines farbenprächtigen Gemäldes. Und doch hat Spielhagen auf die gewöhnlichen Behelfe und Mittel der Romanschriftsteller von Fach verzichtet. Er reizt unsere Phantasie nicht durch Ungeheuerlichkeiten und durch Kunststückchen, die, wenn sie erst ihre volle Wirkung auf unsere Nerven erzielt haben, in uns nichts zurücklassen als eine geistige Migraine. Er muthet dem Verstande nicht Dinge zu, denen selbst das nur Wahrscheinliche noch zu reell ist, und die sich in Regionen verlieren, wohin ihnen nur Jene folgen können, die Alles auf Treu' und Glauben für wahr halten, was ihnen in französischen Romanen geboten wird.

In Spielhagens „In Reih' und Glied" haben wir es mit wirklichen, leibhaftigen und warmblütigen Menschen zu thun. Wir fühlen mit ihnen; ihre Freuden lassen unser Herz aufjauchzen; ihre Schmerzen bereiten uns trübe Augenblicke. Wir lieben mit ihnen und wir entziehen uns dem Hasse nicht, der auf ihre Seele düstere Schatten wirft. Und doch haben wir es nicht ausschließlich mit Ereignissen zu thun, die gewaltsam in das Leben so vieler Menschen eingreifen und auch unzählige Male schon von den

Romanschriftstellern verwerthet wurden. Weder glückliche noch unglückliche Liebe, weder Reichthum noch Armuth allein bilden die ausschleßlichen Ingredienzien dieses Romans; es handelt sich nicht blos um die Schranken, welche ein thörichtes Uebereinkommen zwischen den verschiedenen Schichten der Gesellschaft gezogen hat, und die Inkonvenienzen, die daraus entstehen, weil uns trotz allem Sturm und Drang die Konvenienz noch so sehr beherrscht.

Bewegte Tage führt Spielhagen an unserem Geiste vorüber; große Probleme sind es, denen sich seine Helden weihen und für die sie kämpfen, streben und unterliegen. Der in Rede stehende Roman spielt in Preußen, an jenen Tagen, wo Lassalle, inmitten einer dumpfig gewordenen Zeit, das Proletariat mächtig aufregte durch das von ihm gepredigte Evangelium der Arbeit unter dem Schutze des Staates. Tausende folgten den verführerischen Worten des kühnen Agitators, der uns auch in der Hauptfigur des Romans in seiner ganzen Bedeutung und Begabung entgegentritt. Neben den Vertretern des Junkerthums und des Proletariats macht sich die Fortschrittspartei in markanten Zügen geltend, und im Gewirre der Parteien zeigt sich uns auch die Figur jenes Königs, der mit den hervorragendsten geistigen Anlagen ausgestattet, in düsterer Geistesnacht endete, weil er zu tief geblickt in den betäubenden Düfte ausathmendem Kelch der blauen Blume der Romantik.

Von diesem aktionsreichen Hintergrunde heben sich von dem Hauche wahrer Poesie angewehte deutsche Frauengestalten ab. Welcher Liebreiz ist nicht über Amelie ausgegossen, die den Kämpfen der Zeit ihr liebendes Herz entgegenbringt! Wie wohlthuend wirkt nicht Charlotte auf uns, die herangereifte in der Schule der Entsagung! Und dann Silvia, die sich dem Banne des Arbeiter-Agitators nicht entziehen kann, seinen Zwecken zuliebe auf Alles verzichtet, was das Leben verschönt und seinen Reiz erhöht und dann auch untergeht in diesem ergreifenden Kampfe und von den Qualen eines unverstandenen Seins ausruht an der Seite ihres Vaters, der uns mit allen Reizen gesunder Waldespoesie anheimelt! Wir müssen in unserer Schilderung innehalten, weil wir keine eingehende Besprechung, sondern das Publikum nur auf ein Werk aufmerksam machen wollen, welches uns der größten Theilnahme werth erscheint. (Die Debatte und der Wiener Lloyd. Nr. 306 -- 1866.)

———

„In Reih' und Glied," ein Roman in neun Büchern von Friedrich Spielhagen (5 Bände, Berlin, Verlag von Otto Janke), das neuste Werk des Verfassers der „Problematischen Naturen," rechtfertigt ohne Frage die großen Hoffnungen, welche man auf das Talent des Dichters schon seit seiner reizenden Idyllnovelle „Auf der Düne" setzen durfte. Die Kreise, welche jedes neue Spielhagen'sche Werk umschreibt, sind seitdem größer und weiter geworden; schon die „Problematischen Naturen" waren ein Zeitroman im besten Sinne des Wortes; „In Reih' und Glied" drängt die Elemente, welche nicht unmittelbar mit den Erscheinungen und Fragen der Zeit in Contact stehen, noch weiter zurück als es das früher erschienene Hauptwerk Spielhagen's gethan.

Jeder Leser — und wir hoffen, jeder unserer Leser werde auch Leser des Buches sein — wird die ganze, reiche Mannichfaltigkeit der Eindrücke an sich erfahren. Von dem reizenden, köstlichen Idyll im Forsthaus und Schloß von Tuchheim, mit dem der Roman beginnt, bis zu der Tragödie im Königsschlosse, welche den Hauptheleden den Untergang bringt, führt uns die Entwickelung unvermerkt und ohne gewagte Sprünge durch ein so großes Stück Welt hindurch, als der Rahmen eines Romans umspannen kann. Die auftretenden Charaktere sind sämmtlich scharf ausgeprägt, consequent und psychologisch fein durchgeführt; sie beweisen, daß der Dichter Menschen zu schaffen versteht. Will man etwa die Figur des Königs als ein Portrait bezeichnen, so wird man doch zugestehen müssen, daß es alsdann eines jener Van Dyk'schen Portraits ist, in denen der Maler mit den wenigen Pinselstrichen, die ihm gegönnt waren, den vollen Inhalt eines ganzen historischen Lebens darzustellen wußte. Und weitaus der größte Theil der Auftretenden sind ganz freie, selbstständige Schöpfungen, sind Typen mit individueller Lebenswärme. Die beiden so verschiedenen Brüder v. Tuchheim, der Freiherr und der General, Henry v. Tuchheim, der Sohn des erstern, der Förster Gutmann, der Banker v. Sonnenstein, der Consistorialrath Urban, der Castellan Lippert, Ferdinand Lippert, der „Buffone," die ganze Reihe der Frauencharaktere, von der liebenswürdigen Charlotte v. Tuchheim bis zur unheimlichen Tante Sara, von Josephe v. Tuchheim, Emma v. Sonnenstein bis zur leidenschaftlichen und gefährlichen Eve, von der resoluten und respectablen Miß Jones, bis zu dem wunderlichen Schwesternpaare, von denen die eine einen hyperorthodoxen Consistorialrath, die andere einen feingemeinbildlichen berliner Schneidermeister geheirathet hat, sind Gestalten, die zwar immer und überall von den Hauptfiguren Leo's und Sylvia's überragt werden, aber volles Leben, volle dichterische Berechtigung haben. Selbst Figuren, die nur flüchtig auftreten, lassen stets einen Blick in ihr ganzes Leben und Wesen thun, so der französische Marquis de Sade, so der Prinz, der „ein ehrlicher Mann" ist und manche andere. (Illustirte Zeitung Nr. 1226—1866.)

„In Reih' und Glied." Ein Roman in 9 Büchern von Fr. Spielhagen. (Berlin 1867. O. Janke.) Nicht minder gedankenreich und fein als in den „Problematischen Naturen" greift Spielhagen hier mit kräftiger Hand in das volle, bewegte Leben der Gegenwart hinein, um in der Handlung und den Figuren seiner Romandichtung ein wesentliches Stück des Kampfes zu verkörpern, der das gegenwärtige Geschlecht allerorts so tief bewegt, des Kampfes um volle, rechte Freiheit der Bewegung auf politischem oder vielmehr auf socialem Boden. Das Thema, auf welches der Titel sich bezieht, ist wohl am deutlichsten Bd. 2 p. 27 ff. formulirt; wenn es gewiß richtig ist, daß gegenwärtig die Kämpfe der Menschheit mehr als sonst Massenkämpfe sind, in denen der Einzelne nichts zu sein pflegt als ein Soldat „in Reih' und Glied," so schließt das nicht aus, daß das geniale Individuum sich weigert, als Atom in der Masse unterzugehen, eben weil es die Kraft in sich fühlt, „in die allgemeine Sinnlosigkeit erst einen Sinn zu bringen." Es ergiebt sich aus diesem Gegensatze ein Zusammenstoß berechtigter Gewalten und das Grundproblem des Romans erscheint ästhetisch durchaus berechtigt. Was aber besonders die Leser anziehen und befriedigen wird, ist der Umstand, daß Spielhagen das Problem nicht abstract erörtert oder erörtern läßt, sondern daß es ihm nur das treibende Hauptmotiv der Romans gelebt, in dessen Scenen und Persönlichkeiten es sich mit der Triebkraft eines dialektischen Processes anschaulich auseinander legt. Und wie das Problem selber tief in den Ideenkampf der Gegenwart eingreift, so gehen wir auch wohl nicht fehl, wenn wir vermuthen, daß der Dichter die Studien zu vielen seiner Figuren ebenfalls in der lebendigen Wirklichkeit, auf dem Schauplatze der wirklichen politischen und socialen Kämpfe der Gegenwart gemacht hat, wie es denn z. B. ein Wunder wäre, wenn ihm bei Leo, dem Vertreter der genialen Eigenart, nicht eine Persönlichkeit wie Lassalle vorgeschwebt hätte. (Magdeburgische Zeitung Nr. 140—1866.)

Das Gewebe des Romans ist eines der reichsten, welches unsere neuere deutsche Literatur aufzuweisen hat, die Fäden sind überaus kunstvoll geschlungen, eine fruchtbare Phantasie führt den Leser bald auf anmuthigen, bald auf verwickelten Pfaden, bald reißt sie ihn durch gewaltige Brandungen und spannt seine Theilnahme bis zur Leidenschaft und das Gedächtniß, der Prüfstein des wahren Dichters, läßt den Schriftsteller niemals im Stiche. Das ganze Drama entwickelt sich logisch, kunstgerecht und im höchsten Grade spannend. Endlich besitzt Spielhagen die Gabe, Wahrheit und Dichtung zu mischen, wie selten ein Schriftsteller. Er giebt keine Scene an, er nennt keine Zeit und man kann nicht sagen, ob das Stück hier oder da spielt, er zeichnet Personen, welche man einen Augenblick zu erkennen glaubt und deren Realität dann wieder verschwindet, wie ein Nebel, während sie poetisch lebensvoll und lebenswahr bleiben. (Berlinische Nachrichten Nr. 266—1866.)

— „In Reih' und Glied" heißt der neueste Roman von Friedrich Spielhagen (Berlin, Otto Janke). In dem gedankenreichen fünfbändigen Werk hat der rühmlichst bekannte Verfasser der „Problematischen Naturen" das Problem des Tendenzromans zu lösen versucht und dem Publikum einen politischen Roman dargeboten. Derselbe führt uns mitten in die Debatten der Gegenwart und beschäftigt sich hauptsächlich mit den Vorgängen und Bestrebungen des nördlichen Deutschland. Der Mittelpunkt des Romans ist Leo, in welchem man unschwer Lassalle erkennt mit seinen idealen Kräften und seinem leidenschaftlichen, unvergohrenen Wesen. Die übrigen Romanfiguren stellen das Gesammtwirken des modernen Menschen im öffentlichen Leben nach seinen verschiedenen Abstufungen und Ständen dar. Das Buch ist ein kühn entworfenes, mit Sachkenntniß ausgeführtes Spiegelbild der Zeitstrebungen, in welchem uns überall Bekanntes und Verwandtes begegnet, aus welchem die Idee in langsamem Fortschritt ihrer siegreichen Verwirklichung entgegengeht. Der Styl zeichnet sich durch große Klarheit aus. (Ueber Land u. Meer.)

In Reih' und Glied, von Friedrich Spielhagen. Dieses neue Buch des liebenswürdigen Dichters führt uns mitten in die Bewegung der Gegenwart. Zuerst befinden wir uns in einem Forsthause, in einer Familie, die so unsere Theilnahme erweckt, daß wir mit ihr denken und empfinden. In dieses kleine gemüthliche Stilleben greifen aber sehr bald die modernen Conflicte des Lebens ein, anfänglich leise, dann stärker und stärker, bis wir mit den Menschen, die sich unsre Liebe erworben hatten, in den vollen Strudel der Tageskämpfe hineingerissen werden. Wie eine Fluth steigt, so schwellen die Begebenheiten des Romans höher und höher an, und es treten immer neue Personen in unsern Gesichtskreis. Was die künstlerische Behandlung betrifft, so haben wir in dieser Steigerung und zunehmenden Verwicklung der Handlung den größten Vorzug der Romans zu erkennen. (Europa Nr. 42—1866.)

Ein neuer Roman von Friedrich Spielhagen hat immer wieder die Erwartung für sich, daß wir in demselben eine künstlerisch spannende, poetisch anregende Gabe der Erzählungsliteratur empfangen. Daher weisen wir mit Freuden auf die jüngste Veröffentlichung Spielhagens, den Roman „In Reih' und Glied, hin. Das Werk breitet abermals eine Fülle interessanten Lebens vor dem Leser aus, es führt vertraulich in Dorf und Wald und in's Schloß des Freiherrn, so wie in die Gesellschaft ein, die sich um den Hof des Edelmannes gruppirt. Die Haltung ist vielgestaltig, die Charaktere sind mannigfach und sie besitzen die Porträtähnlichkeit von Bildern, die nach der Wirklichkeit gezeichnet sind. Der Verfasser versteht sich darauf, seine Helden in interessante Gegensätze zu einander und in verschiedenartige Beziehungen zu den Begebenheiten zu bringen, die Fragen der Tagesgeschichte sind mit Ernst betrachtet und zugleich zu dichterisch anziehender Gestalt entwickelt worden. Denn der Roman hat entschieden die Tendenz, uns Einblicke in die Zustände der deutschen Gegenwart zu eröffnen, die nicht blos der Unterhaltung zu statten kommen sollen, sondern auch dem Urtheil. Allein diese Absicht drückt sich nicht im nüchternen Worte aus, sondern sie geht in der Natur des Stoffes und in dessen planvoller Verarbeitung auf. (Hamburger Nachrichten Nr. 248—1866.)

www.ingramcontent.com/pod-product-compliance
Lightning Source LLC
Chambersburg PA
CBHW031252250426
43672CB00029BA/2528